Prinz Poldi und die Kölner Schweinemafia

Kinder erzählen über Köln

Mit freundlicher Unterstützung von
Buchhaus Thalia, Köln Neumarkt

Vielen Dank den Juroren:

Anne Polch
Christiane Labonté
Gisela Röttges
Tobias Bungter
Traudl Bünger
Ursula Kleinbach

Auflage 2006

Verlag Kiepenheuer & Witsch, Köln
Linzenzgeber: Labonté Köhler Osnowski Verlagsgesellschaft mbH, Köln

Alle Rechte vorbehalten.
Kein Teil des Werkes darf in irgendeiner Form (durch Fotografie, Mikrofilm oder ein anderes Verfahren) ohne schriftliche Genehmigung des Verlages reproduziert oder unter Verwendung elektronische Systeme verarbeitet, vervielfältigt oder verbreitet werden.

Umschlaggestaltung: Diana Billaudellé
Layout und Satz: Philipp Niermann, Köln
Druck und Bindearbeiten: Ebner & Spiegel, Ulm

Inhalt

Maya Perusin Mysorekar, Marielle Overbeck:
  Jahrhundertbuch   8
Johanna Winkel:
  Nachtaktion   9
Pina Krezmin:
  Wie die Gebeine ...   12
Viola von der Eltz:
  Der Ring der Macht   16
Luis Schwamm:
  Die Drachen von Colonia   20
Karl Heidelbach, Janos Knittler:
  Ein kölsches Märchen   33
Nica Marie Zlonicky:
  Mein Köln   35
Selen Yildizgördü:
  Die Mäuse vom Dom   38
Laura Brümmer:
  Mollys erste Reise   41
Marie von Rogal:
  Mal ein ganz anderer Schultag   46
Nina Roxanne Karge:
  Die geheimnisvolle Domplatte   51

Milena Neuhausen:
    Hänneschens neue Mütze   55
Nelly Vongries:
    Entführung am Kölner Hauptbahnhof   58
Maikel Beier:
    Diebstahl auf dem Weihnachtsmarkt   62
Johanna Brandt:
    Der traurige König   66
Annika Wright:
    Die Rettung   70
Paula Ullmann:
    Der Alte und der Dieb   74
Luisa Rogalski:
    Zeitreise   76
Saskia Taaks:
    Der Schwimmbadvorfall   81
Ron Quirin Oosterhagen:
    Der Drache   86
Ramón Rabii:
    Gib Acht, wenn die Geistermaske erwacht   89
Isis-Maria Niedecken:
    Warum Köln heute Köln heißt   91
Daniel Scheeben:
    Die Jagd nach den Domräubern   94
Selin Maelger:
    Ein Freund für Julius   101
Katharina Hardt:
    Die Kölner Glücksdrachen   104
Sabrina Boese:
    Ausflug mit Hindernissen   106

Tatjana Turzin:
Das Grauen im heiligen Köln — 109
Dennis Pohl:
Mein Traumspiel — 112
Teresa Böger:
Wie ich in die Vergangenheit reiste — 115
Paul Mikolajczyk:
Hubert ist verschwunden — 117
Julia Pape:
Ein rätselhafter Geburtstagsausflug — 120
Louise Caroline Beichler:
Köln in Gefahr — 123
Maximilian Schütz:
Dunkelheit in Köln — 126
Natalia Reinartz:
Das Kribbeln — 129
Rebecca Scheben:
Das rote Buch — 131
David Tegethoff:
Zoo total — 133
Lotti Mischke:
Finsternis über Köln — 138
Antonia Puder:
Abenteuer im Mueum — 141
Felicitas Luis:
Wie Feuer und Wasser — 145
Maximilian Kalkreuth, Carlo Stokowky:
Der blaue Stein — 151
Timon Cruz Warner:
Der kölsche Shaolin — 156

Vorwort

Erzähl uns von deinem Köln!

Das ließen sich die Kinder aus Köln und Umgebung nicht zweimal sagen, als sie im Sommer 2005 von der Thalia-Buchhandlung und dem Verlag Kiepenheuer & Witsch aufgefordert wurden, den Füller zu schwingen oder in die Tasten zu hauen und ihre spannendste, lustigste oder skurrillste Kölngeschichte aufzuschreiben. Mehr als 250 Kinder haben sich an dem Schreibwettbewerb beteiligt. Die Geschichten zeigen, wie vielfältig und bunt ihr Köln ist. Sie erzählen vom Skaten auf dem Wallraf-Platz, dem Giraffenbaby im Zoo oder der Fortuna im Südstadion.

Köln ist auch die perfekte Kulisse für unheimliche, spannende oder phantastische Ereignisse. Kinderbanden klären zwischen Aqualand und Chlodwigplatz Verbrechen und Rätsel auf, magische Wesen wie Drachen und Monster leben in Rhein oder Dom, böse Mächte haben sich gegen die Kölner verschworen, bedrohen Glück und Zufriedenheit. Übergeschnappte Stadträte kommen sogar auf die Idee, Köln und Düsseldorf zu Groß-Düsseldorf zusammenzulegen!

Glücklicherweise können diese Dramen von den tatkräftigen Helden der Geschichten verhindert werden.

Auch die Kölner Stadtgeschichte ist Anlass für Abenteuer. Mit phantastischen Hilfsmitteln bewegen sich die Kinder in die Römerzeit oder ins Mittelalter. Eine Zeitmaschine, eine magische Rutsche, eine geheime Tür ... und plötzlich sieht die vertraute Stadt ganz anders aus. Der Dom ist eine Bauruine, die Gebäude der Altstadt sind funkelnagelneu und auf den Ringen steht eine Stadtmauer.

Die schönsten Geschichten haben wir in diesem Buch zusammengefasst. An einigen Stellen waren kleine Bearbeitungen nötig. Aber sonst finden sich auf den folgenden Seiten ausschließlich O-Töne von Kölner Kindern.

Köln, im Februar 2006 – Die Jury

Jahrhundertbuch
von Maya Perusin Mysorekar (11 Jahre)
& Marielle Overbeck (11 Jahre)

Guten Tag, ich bin der Rhein und ich fließe durch Köln. Dort habe ich sehr viele Sachen erlebt. Wie den Dombau. Darüber möchte ich euch heute erzählen.

Vor 700 Jahren habe ich durch vorbeigehende Menschen erfahren, dass eines der größten und mächtigsten Gebäude in Köln gebaut werden sollte: ein neuer Dom! Der neue Dom sollte neben mir gebaut werden. Er sollte fast 160 Meter hoch werden. Ich fühlte mich sehr geehrt.

Ein halbes Jahr später fing der Bau an. Es war sehr interessant, zu sehen, wie der Dom Stück für Stück größer wurde. Er wurde – nach meiner Ansicht – sehr schön verziert.

Nach zwei Jahrhunderten wurde auf einmal nicht mehr weitergebaut. Der Dom war zur Hälfte fertig und es stand noch ein Holzkran auf ihm. Die Dombaumeister hatten kein Geld mehr. Ich war sehr überrascht, denn bevor man so einen großen Bau beginnt, müsste man eigentlich schon mit genug Geld versorgt sein. 300 Jahre baute keiner weiter. Ich fühlte mich sehr runtergeputzt, denn jetzt stand ein halb fertiger Dom neben mir!

In der Zwischenzeit kam die Pest. Es stank fürchterlich. Und meine empfindliche Nase fing an zu jucken. Ich hatte auch die Pest, weil viele Lebensmittel, tote Ratten und andere Sachen, die verseucht waren, in mich geworfen wurden. Aber die Leute in Köln beschuldigten die Juden. Deshalb brannten sie ihre Häuser ab und töteten sie. Das war sehr, sehr schrecklich.

Im 19. Jahrhundert wurde der Dom dann endlich fertig gebaut. Insgesamt dauerte der Bau 632 Jahre. Ich war so erfreut, dass ich Hochwasser machte. Leider kam ich nicht bis zum Dom. Ich hätte ihm nur zu gern seine müden Füße gekühlt.

Nachtaktion
von Johanna Winkel (10 Jahre)

Freddy wachte mitten in der Nacht auf. Er schaute aus dem Fenster und sah die sehr tiefe Baugrube. Hier wurde die neue U-Bahn gebaut. Aber zurzeit war der Bau lahm gelegt, wegen der alten römischen Schätze, die Bauarbeiter gefunden hatten. Deshalb wunderte es ihn, dass er zwei Gestalten sah, die in die Baugrube hinunterkletterten. Archäologen graben eigentlich nur am Tag. Vorsichtig schlich Freddy nach draußen zur Baugrube. Er sah hinunter und erschrak: Da räumten zwei Grabräuber wertvolle Römerschätze in einen großen Sack.

Am nächsten Morgen erzählte er es seinen Freunden Jan und René. In der Schule wurde in der Mathestunde (!) ein Plan ausgearbeitet. Nach der Schule verabredeten sie sich für eine ‚Nachtaktion'. Weil es Freitag war, erlaubten ihre Eltern, dass sie in einem Zelt vor der Baugrube bei Freddy übernachteten.

Als sie abends ihr Zelt aufgebaut hatten, spielten sie Karten. Sie hatten den Babymelder von Jans Mutter dabei. Den stellten sie vor die Baugrube. So konnten

René, Jan und Freddy hören, wenn jemand die Leiter herunterkletterte. Auch verpflegt waren sie bestens: Renés Mutter hatte ihm Pizza und Wasser mitgegeben, Jan hatte Nüsse und Wasser, Freddy O-Saft und Würstchen dabei. Die Stimmung war gespannt. Bis zwei Uhr tat sich nichts. Doch dann knirschte es schrecklich im Babymelder. Freddy erschrak so, dass ihm ein Stück Pizza im Hals stecken blieb. Er hustete und hustete. Da klopfte Jan ihm auf den Rücken und endlich hörte der Husten auf.

Freddy und Jan schlichen leise, aber schnell aus dem Zelt. René kletterte auf einen Baum, der in der Nähe der Baugrube stand. Von dort hatte er einen guten Überblick. Er sollte die Polizei anrufen, wenn Freddy das Zeichen dazu gab. Als Freddy und Jan an der Baugrube standen und hineinschauten, sahen sie die Lichtkegel der Taschenlampen der beiden Gauner. Undeutlich konnten die beiden erkennen, dass der eine ein bisschen dicker war als der andere. Freddy holte tief Luft und gab dann das vereinbarte Zeichen. Jetzt begannen er und Jan, die Leiter hochzuziehen. Im gleichen Moment wählte René die Nummer der Polizei.

In der Baugrube hatte der Dünnere inzwischen schnell reagiert, als er merkte, dass die Leiter hochgezogen wurde. Er hielt die Leiter fest und versuchte, sie wieder nach unten zu ziehen. Das war nicht geplant! Freddy erschrak, als es plötzlich Widerstand am anderen Ende der Leiter gab. Er ließ los, aber Jan nicht. Auf einmal stolperte er und fiel in die Baugrube. Jan schrie auf. Als er fast am Boden angelangt war, fing ihn der dickere der Banditen auf. Mit einem hämischen Lachen zog er ein Messer aus seiner Hosentasche. Freddy war entsetzt. Die

Grabräuber bedrohten Jan mit dem Messer! Sie sagten, erst wenn die Leiter wieder unten wäre, würden sie aufhören.

Freddy zögerte. Doch dann dachte er: *Lieber die beiden Banditen freilassen, als einen Freund weniger zu haben.* Also ließ er die Leiter langsam herab. Nun war sie unten und die Gauner kletterten fix die Leiter hoch. Jan hinterher. Als sie oben waren, packten sie Freddy und Jan am Kragen.

Der Dickere sagte: »Ihr dreht euch jetzt um und zählt langsam bis 100.« Freddy und Jan drehten sich um und fingen an zu zählen: »1 ... 2 ... 3 ...« Die Diebe liefen, was die Beine hergaben. Doch war es dafür eigentlich zu spät: Denn nun ertönte das Martinshorn der Polizei und in null Komma nichts waren sie umstellt und wurden abgeführt. Ein freundlicher Polizist sagte zu Freddy, Jan und René, sie sollten jetzt besser schlafen gehen. Die Polizei würde am nächsten Tag noch einmal wiederkommen. Als Freddy, Jan und René im Zeltlager waren, schliefen sie sofort ein.

Am nächsten Morgen wurden sie von Freddys Mutter unsanft aus ihren Träumen gerissen: Sie rüttelte die drei wach. René schaute verschlafen auf seine Uhr. Es war schon halb elf. Die Polizisten waren schon längst da. Jans, Freddys und Renés Eltern waren von dem nächtlichen Abenteuer nicht sehr begeistert. Aber als die Polizei Freddy und seine beiden Freunde in den höchsten Tönen lobte, waren sie wieder versöhnlich gestimmt. Ein Polizist sagte, die Grabräuber seien Schwerverbrecher. Und nun könnten die Archäologen doch noch weiterarbeiten. Ja, und wenn die fertig sind, dann haben die Kölner vielleicht schon bald ein neues U-Bahn-Netz.

Wie die Gebeine der Heiligen Drei Könige wirklich nach Köln kamen
von Pina Krezmin (11 Jahre)

Wir schreiben das Jahr 1132 nach Christus. Es ist Nacht. Nur der blasse Vollmond scheint auf die Holzhütte. Seit die Schweine Köln besiedelt haben, sieht man in der ganzen Stadt diese grob gezimmerten Hütten, in denen die Schweine schlafen. Langsam erhebt sich die rote Sonne, die wie ein feuriger Ball aussieht, über die Stadtmauer. Längst sind die Diener des Königs auf den Beinen. Alles muss perfekt sein, wenn der Herrscher zurückkommt.

Galbatorix, der Schweinekönig, kehrt in genau zwei Stunden nach Köln zurück. Endlich können die Schweine ihren geliebten Herrscher wiedersehen. Trotz fast drei Jahren Belagerung vor den Stadtmauern Düsseldorfs hat Galbatorix nicht bekommen, weswegen er Krieg und Belagerung angefangen hat: Er will um jeden Preis die Gebeine der Heiligen Drei Könige, die sicher verwahrt in der Kathedrale von Düsseldorf ruhen.

Plötzlich ertönt eine Trompetenfanfare. Der König kommt! Auf der Hauptstraße drängeln sich die Schweine um einen großen Platz. Alles ist mit Blumengirlanden geschmückt und die Straße ist übersät mit Blumensträußen und Blütenblättern.

Die Fanfare ist zum zweiten Mal zu hören! Das Stadttor öffnet sich ohne ein einziges Quietschen. Ein sehr großes Schwein schreitet über den Weg. Es trägt einen roten Mantel und eine goldene Krone auf den Ohren. Die Menge jubelt. Galbatorix lächelt zwar, aber er hat schwarze Schatten unter den Augen und geht leicht gebeugt. Mit schnellen Schritten läuft er auf seinen Palast zu. Ihm folgen seine Leibgarde und seine Soldaten, die mit Freudenschreien von ihren Familien empfangen werden.

Im Palast ist es ruhig. Galbatorix' Schritte hallen durch die endlosen Flure, hasten über viele Treppenstufen hinauf, bis sie vor einer schweren Eichentür stehen bleiben. Der König öffnet die Tür. An einem Schreibtisch sitzt ein Schwein mit so vielen Falten, dass sie unmöglich zu zählen sind.

»Galbatorix!«, ruft es und springt aus seinem Sessel, um den König in die Arme zu schließen. Doch dieser wehrt die Umarmung des alten Schweines grob ab.

»Mantekus«, beginnt Galbotorix, »ich muss dich dringend sprechen. Meine Ungeduld nimmt zu. Ich habe alles versucht, um an die Gebeine heranzukommen. Nichts hat genutzt. Was soll ich bloß machen? Du bist mein Ratgeber. Hilf mir!«

Seufzend lässt sich der Weise wieder in den Sessel fallen.

»Galbatorix, ich wollte dir diese letzte Möglichkeit, an die Gebeine zu kommen, eigentlich verschweigen. Aber da ich mich gezwungen sehe, dir zu helfen ... Du musst sie dir wohl mit Hilfe der SMFDA stehlen. SMFDA ist die Schweine-Mafia Für Diebstähle Aller Art.«

Mantekus erzählt Galbatorix alles über die SMFDA. Sogar, wo sie sich zum jetzigen Zeitpunkt aufhält, kann Mantekus dem König berichten. Galbatorix schickt auf der Stelle einen Boten und schon nach weniger als einer Woche kommt dieser mit einem Schwein der SMFDA zurück. Als es in Galbatorix' Thronsaal tritt, bekommt es der König doch ein wenig mit der Angst zu tun. Das Mafia-Schwein ist am ganzen Körper schwarz behaart und überall tätowiert.

»Was gibt es?«, raunzt der Mafiaboss Galbatorix an. Der König beginnt zu stottern, doch dann reißt er sich zusammen und berichtet dem Mafioso alles Nötige.

»Und wegen ein paar oller Knochen lässt du mich und meine Jungs in diese Stadt kommen? Ha! Wir sind sehr teuer, vergiss das nicht.«

Höchst belustigt nennt der Mafiaboss eine so horrende Summe, dass dem König fast das Blut in den Adern gefriert. Doch er stimmt zu.

Nach ein paar Tagen ist auch der Rest der Mafiagang in Köln eingetroffen. Trotz eines Verbots des Königs macht die Gang im Norden, Osten, Süden und Westen die Stadt unsicher. Doch dann ist es endlich so weit. Die SMFDA bricht bereits vor dem Morgengrauen auf, um ihren Auftrag zu erfüllen. Der Weg nach Düsseldorf ist zwar nicht weit, genau genommen nur wenige Meilen, aber die Mafia ist es gewohnt, ungesehen zu reisen.

Die Stadtmauer von Düsseldorf ist kein Hindernis für diese Schweine. Mit ihren überaus empfindlichen Rüsseln ertasten sie Risse im Gestein und suchen so nach Halt beim Klettern. Zusätzliche Seile helfen beim Erklimmen der etwa 15 Meter hohen Mauer. Wie schwarze Ameisen huschen die unheimlichen Gestalten durch die verlassenen Gassen. In einigen Fenstern brennt schon Licht und man sieht Schweine, die gerade beim Frühstück sind. Es ist nirgends ein Laut zu hören. Eine Stadtwache schlendert direkt am Mafiaboss vorbei, der sich rasch in den Schatten einer Mülltonne duckt. Vor der Kirche, in der sich die Gebeine befinden, stehen drei Wachmänner, die mit gekonnten Knüppelschlägen lautlos ins Jenseits befördert werden.

Modrige Luft empfängt die Schweine, als sie in die Kirche treten. Eine goldene Kiste steht auf einem Marmorsockel. Der Mafioso läuft hin und öffnet die Kiste. Knochen! »Das sind sie! Und jetzt nichts wie raus hier, bevor uns noch jemand entdeckt!«

Unbemerkt wie sie hereingekommen sind, gehen sie auch wieder aus der Stadt hinaus und machen sich schleunigst auf den Weg zurück nach Köln, um die Knochen gegen die vereinbarte Bezahlung einzutauschen.

Die Mafiosi wechseln sich beim Tragen der goldenen Kiste ab. Laut klopfen sie gegen die Tür des Thronsaals. Ohne ein »Herein« abzuwarten, stürmt die SMFDA in den Saal, schreit nach ihrem Lohn und wirft Galbatorix die Kiste mit den Gebeinen einfach vor die Füße. Galbatorix bringt seinen Schatz schnell in die sicherste Schatzkammer seiner Stadt. Noch ahnt er nicht, dass Köln durch diesen Schatz berühmter werden wird, als er sich das vorstellen kann.

Das ist die wirkliche Geschichte der berühmten Heiligen Gebeine und wer etwas anderes behauptet, der lügt!

Der Ring der Macht
von Viola von der Eltz (11 Jahre)

Die Heiligen Drei Könige kennt, glaube ich, jeder. Sie werden am 6. Januar gefeiert. Ihre Gebeine liegen im Kölner Dom. Doch fangen wir von vorne an.

Drei ahnungslose Kinder gingen in die Schule, Jessica, Tom und Daniel heißen sie. Vor einigen Monaten hatten sie ein Detektivbüro gegründet. Sie konnten nicht wissen, was passieren würde, denn bisher mussten sie nur zwei Taschendieben das Handwerk legen.

Die drei hatten sich für Samstag bei Jessica verabredet, um dort zu übernachten. Als Tom und Daniel bei Jessica ankamen, flüsterte sie zur Begrüßung nur geheimnisvoll:

»Da seid ihr endlich! Kommt mit in mein Zimmer. Ich habe etwas äußerst Merkwürdiges erlebt!«

Meine Güte, war Jessica aufgeregt!

»Jessic...«

»Pscht!!!«

»Ist o.k., ich rede ja schon leiser. Aber warum bist du so aufgeregt?«

»Sei endlich still, Daniel!«

Nun waren sie in Jessicas Zimmer angekommen und konnten wieder normal reden. Jessica legte sofort mit ihrer Erzählung los.

»Also, der Grund, weshalb ich eben so zickig war, ist dieser Brief.«

Tom und Daniel starrten auf den Brief, den sie in der Hand hielt. Er sah völlig normal aus. Aber er hatte keinen Absender. Jessica erzählte weiter.

»Meine Mutter gab ihn mir, als ich aus der Schule kam. Ich habe ihn noch nicht geöffnet. Tom, lies du vor!«

Liebe Kinder,
wahrscheinlich wundert ihr euch über diesen Brief. Doch ihr seid auserwählt, um uns, den Heiligen Drei Königen, zu helfen. Lasst es uns erklären:

In der Unterwelt leben die Dämonen. Diese wollen nicht weniger als die Herrschaft über die Welt. Dafür müssen sie alle Seelen der Menschen rauben. Wir sind die Einzigen, die das verhindern können, und zwar mit dem ‚Ring der Macht'.

Die Dämonen können nur in der Nacht zum 6. Januar an die Oberwelt kommen und haben bis Sonnenaufgang Zeit, die Seelen der Menschen zu rauben. Ihr müsst ihnen den Ring wegnehmen. Der Dämon, der den Ring besitzt, wird seine Augen für genau fünf Sekunden schließen. Dann müsst ihr ihm den Ring wegnehmen und ihn vor Sonnenaufgang auf den Dreikönigsschrein legen. Viel Glück!

Kaspar, Melchior und Balthasar
PS: Die Dämonen kommen um Mitternacht und bleiben bis Sonnenaufgang. Sie werden in den Keller des Kölner Doms eindringen.

Daniel, Tom und Jessica schauten sich an. Es herrschte Grabesstille. Heute war der 5. Januar! In dieser Nacht würden die Dämonen aus der Unterwelt kommen! Jessica wohnte direkt am Roncalliplatz, sie mussten also nicht weit gehen. Der Dom war vor ihrer Haustür.

Jetzt unterbrach Jessica die Stille und flüsterte: »Ihr habt es gehört! Wir müssen die Welt vor den Dämonen retten! Packt euren Rucksack mit belegten Broten. Es sind noch welche vom Abendessen übrig. Das wird eine lange Nacht.«

»Jessica!« Tom war kreidebleich im Gesicht. »Wie sollen wir das anstellen? Mal so eben Dämonen verjagen.«

Jetzt mischte sich Daniel ins Gespräch ein. »Na, so wie es in dem Brief beschrieben ist! Am besten wir nehmen ihn mit. Hinterher leiden wir vor Aufregung unter Gedächtnisschwund. Also los! Wir sollten uns aus dem Fenster schleichen. Wo genau wir stehen und wer was macht, entscheiden wir im Domkeller.«

Sie machten es, wie Daniel es vorgeschlagen hatte. In kürzester Zeit gelangten sie in den Dom, der zum Glück noch nicht geschlossen war. Die drei gingen in den Keller, setzten sich auf den Boden und fingen an, sich zu besprechen.

»Also«, sagte Tom, der wieder Farbe im Gesicht hatte, »wenn die Dämonen kommen und einer von ihnen die Augen schließt, springt Jessica aus der Krypta, schnappt sich den Ring, rennt die Treppen hoch und legt den Ring auf den Dreikönigsschrein. Daniel und ich versuchen die anderen aufzuhalten. Die weiteren Einzelheiten entscheiden wir in der Situation.«

Jessica überlegte laut: »Aber wenn sie euch die Seele entreißen!!!«

»Dann hast du Zeit gewonnen, den Ring auf den Schrein zu legen«, antwortete Daniel ermutigend.

Plötzlich schlug die Glocke zwölf Mal. Es war Mitternacht. Auf einmal hörten die drei einen gewaltigen Knall und alle Lichter gingen aus. Daniel hatte eine

Taschenlampe für den Notfall dabei und knipste sie an. Doch er brauchte sie nicht. Denn es erschien eine grelle Hand in der Wand, und noch eine und noch eine.

Jessica schrie: »Versteckt euch, bevor sie uns sehen können! Und passt auf die Augen auf!«

Nun konnte man die Dämonen erkennen. Es waren vier. Sie sahen grauenvoll aus. Sie hatten blutverschmierte Eselgesichter und ihre Unterkörper ähnelten denen von Affen. Da schloss der vorderste seine Augen. Jessica rannte los und hatte die linke Hand des Dämons im Visier, an der der Ring glänzte. Kaum hatte Jessica den Ring an sich gerissen, öffnete der Dämon seine Augen wieder. Als Jessica an der Treppe angekommen war, sprangen Tom und Daniel hervor, die sich irgendwo versteckt hatten, und schrien: »Hey, ihr Dumpfbacken! Schaut mal hierher!!«

Die Dämonen starrten zu Tom und Daniel herüber. Schon ertönte wieder ein Knall und die Dämonen waren nicht mehr zu sehen. Es wurde still und dunkel. Wie konnte das sein? Nach einer Weile begriffen die Kinder, was geschehen war. Während die Jungen die Dämonen abgelenkt hatten, war Jessica vor dem Schrein angekommen und hatte den Ring der Macht auf ihn gelegt. Dann waren die Dämonen verschwunden.

Daniel und Tom rannten die Treppenstufen hoch und sahen Jessica vor dem Schrein winken. Neben ihr schwebten unverkennbar die Heiligen Drei Könige.

Sie riefen: »Das habt ihr hervorragend gemacht! Vielen Dank! Nun schlaft!«

Und ehe die Kinder ein Wort wechseln konnten, lagen sie im Schlafanzug in Jessicas Zimmer. Eigentlich wollten sie sich noch sagen, wie toll sie dieses Abenteuer überstanden hatten. Doch da waren sie auch schon eingeschlafen.

Die Drachen von Colonia
von Luis Schwamm (11 Jahre)

Als vor langer, langer Zeit eine römische Frau namens Agrippina den Kaiser Claudius dazu überredete, die Stadt Köln zu gründen, hätte sie wahrscheinlich nie gedacht, dass dieser Fleck Land am Rhein schon bewohnt war. Er war von den intelligentesten, schönsten und mächtigsten Lebewesen bewohnt, die es bis heute je gab. In diesem kleinen Stück Rhein, das später einmal zu Köln gehören sollte, hausten Drachen. Um genau zu sein, Wasserdrachen. Wasserdrachen haben blau schimmernde Schuppen, eine silbrige Mähne und kleine, ebenfalls blaue Flügel. Wie alle anderen Drachen auch beherrschen sie die Sprache der Tiere, der Fabelwesen und der Menschen. Die Drachen nannten diesen Ort Stara Aquadragia (übersetzt in die Menschensprache heißt das »Stadt der Wasserdrachen«). Außerdem waren sie damals schon die friedlichsten aller Drachen. Also störte es sie nicht sonderlich, dass die Menschen eine Stadt gründeten und diese Colonia Claudia Ara Agrippinensium nannten. Doch natürlich wollten die Drachen ihre neuen Mitbewohner kennen lernen. Deshalb tauchten sie eines Nachts bei Vollmond aus dem Wasser und kreisten über der Stadt.

Unten in der Stadt schlief in einem Haus am Cardo Maximo (so hieß früher die Hohe Straße) der zwölf Jahre alte Julius. Er hatte gerade einen seltsamen Traum, in dem er durch den Himmel sauste, als er plötzlich hochschreckte. Trotz des hellen Vollmondlichts war es am Himmel stockdunkel. Als er aus dem Fenster schaute, sah er, dass er nicht der Einzige war, der die plötzliche Dunkelheit bemerkt hatte. Überall hatten die Leute Kerzen angezündet, pressten ihre Nasen an die Fensterscheiben und versuchten zu erkennen, was da oben am Himmel los war. Julius machte es ihnen nach, doch alles, was er erkennen konnte, sah aus wie sehr dichte Wolken. Aber für Wolken zogen sie viel zu schnell vorbei und außerdem flogen sie alle in verschiedene Richtungen. Jetzt wurde Julius erst richtig neugierig. Er zog seine Tunika an, schlich sich am Zimmer seines kleinen Bruders und am Schlafzimmer seiner Eltern vorbei, öffnete die Haustür und ging nach draußen.

Es war eine ziemlich kühle und windige Nacht. Der frische Nachtwind strich Julius durch die Haare. Doch er hatte das Haus ja verlassen, um zu sehen, was passiert war, also blickte er hoch zum Himmel. Aber das, was er da sah, ließ ihm das Blut in den Adern gefrieren: Der ganze Himmel war voller riesiger ... Julius hatte nicht die geringste Ahnung, was das für Dinger waren! Als er da so mit flatternder Tunika stand und sich nicht rührte, kam plötzlich eines der kleineren Wesen zu ihm heruntergeflogen und landete sanft auf allen vier Beinen. Julius wusste nicht mehr, was er tun sollte. Sollte er wegrennen? Sollte er stehen bleiben? Sollte er versuchen, das unbekannte mysteriöse Wesen anzugreifen? Da hörte er einen Schrei links von sich, dann rechts von sich. Überall fingen Leute an zu schreien. Doch das störte das große, fliegende, vierbeinige Wesen wohl nicht. Julius fasste seinen ganzen Mut zusammen, ging langsam auf den Drachen zu und fragte laut, damit er das Rauschen des Rheins übertönte: »Was bist du für ein Monster?«, und dachte nicht mal daran, dass das Monster antworten könnte.

Doch da fing es auf einmal mit einer unerwartet ruhigen, tiefen Stimme laut an zu sprechen: »Sei gegrüßt, kleiner Menschenjunge, ich und die anderen Drachen meines Stammes würden euch neue Mitbewohner gern kennen lernen.«

Julius war entsetzt: Das waren Drachen und sie konnten sprechen! Drachen! Er hatte immer gedacht, dass Drachen nur von den Geschichtenerzählern erfunden waren. Da sprach der Drache: »Uns Drachen gibt es, wie du siehst, wirklich. Wir zum Beispiel sind Wasserdrachen. Übrigens können wir natürlich sprechen, und zwar die Sprachen der Menschen, die der Tiere und unsere, die Drachensprache.«

Julius riss die Augen auf. Der Drache hatte seine Gedanken gelesen. Er musste diese wunderbaren Wesen unbedingt kennen lernen. Schon wieder wusste der Drache offenbar, was Julius gedacht hatte, und sagte erfreut: »Wie schon gesagt, ich würde dich auch gerne kennen lernen. Wie wäre es, wenn wir uns in der nächsten Vollmondnacht am Rheinufer treffen? Bringe dann dein ganzes Volk mit, ja?«

Grade als Julius das Angebot annehmen wollte, stürmten auf einmal alle Bewohner des Cardo Maximo mit Geschrei aus ihren Häusern und bewarfen die Drachen mit Steinen. Julius versuchte, sie aufzuhalten, doch keiner verstand ihn. Die Drachen fingen an zu brüllen und auch der kleinere Drache vor ihm wollte wegfliegen. Er drehte sich nur noch einmal kurz um und rief ihm zu: »Komme ohne dein Volk und erzähle ihnen nichts von unserem Treffen!«

»Wie heißt du?«, rief Julius ihm noch hinterher, doch er war schon verschwunden. Da wurde er plötzlich von hinten am Arm gepackt.

Er wirbelte herum und sah seinem Vater ins Gesicht. Seine Mutter und sein Bruder waren auch da. Alle redeten ununterbrochen auf ihn ein und fragten, ob ihm etwas passiert sei. Doch Julius, der sich daran erinnerte, dass der Drache ihm gesagt hatte, er solle niemandem etwas erzählen, antwortete nur, dass er nur dagestanden und zugesehen hätte, wie die komischen Tiere (er wollte nicht verraten, dass es Drachen waren) mit Steinen beworfen wurden. Danach gingen sie wieder ins Haus, legten sich in ihre Betten und schliefen ein.

Inzwischen waren auch die anderen Leute wieder in ihre Häuser gegangen. Julius' Familie war schon längst wieder eingeschlafen. Nur Julius lag hellwach in seinem Bett. Er dachte an das abgesprochene Treffen. Nach wem sollte er fragen, wenn der Drache, mit dem er sich heute Nacht angefreundet hatte, nicht da wa? Julius wusste seinen Namen nicht. Hatten Drachen vielleicht gar keine Namen? In Gedanken fragte er leise: Wie heißt du? Da hörte er in seinem Kopf die Stimme des Drachen: *Mein Name ist Mondragon!*

Julius schlief schon längst wieder, als Mondragon durch das Wasser zu seiner Höhle glitt. Er hatte auf dem

Weg durch den Rhein allen Wasserdrachen erzählt, dass ein Menschenjunge nicht so brutal war wie die anderen. Da Drachen nie logen, glaubten die Drachen ihm und waren einverstanden, sich in der nächsten Vollmondnacht mit ihm zu treffen. Nachdem Mondragon geprüft hatte, dass niemand seine Höhle verwüstet hatte, verbreitete er die Nachricht des Treffens (Wasserdrachen sind nachtaktiv). Er flitzte an allen Höhlen vorbei und rief dabei immer wieder (natürlich in der Drachensprache):

> *Kommt bitte mit mir aus dem Rhein,*
> *in der nächsten Vollmondnacht,*
> *da wird ein Menschenjunge sein,*
> *ich hab' ein Treffen ausgemacht.*
> *Verbreitet die Nachricht schnell geschwind,*
> *es ist ein sehr, sehr nettes Kind.*

Schon als Julius am nächsten Tag aufwachte, dachte er an das Treffen. Hoffentlich würden die Drachen ihn nicht angreifen, aber wenn sie genauso Gedanken lesen konnten wie Mondragon, dann würden sie ja wissen, dass er nichts Böses wollte.

Den ganzen Tag lang überlegte er, ob er sich wohl mit Mondragon anfreunden könnte. Dann könnte er ihm die ganze Stadt zeigen. Doch er musste ja noch so lange warten, bis er die Wasserdrachen wiedersehen würde. Die Tage vergingen im Schneckentempo. Als es endlich so weit war und es am Tag vor Vollmond bereits dämmerte, kam ihm die überstandene Zeit wie ein halbes Jahr vor. Umso glücklicher war er, als er in seinem Bett lag und darauf wartete, dass alle im Haus einschliefen. Als er endlich das Schnarchen seines Vaters hörte, war es vielleicht ungefähr zwei Stunden nach Sonnenuntergang. Vorsichtig stand er auf und öffnete das Fenster. Draußen war es dunkel, aber warm. Er schlüpfte in seine Tunika, schlich leise wie ein Indianer durch den Flur, öffnete die Tür. Julius schreckte hoch, als die Tür laut anfing zu quietschen. Schnell hüpfte er nach draußen und schloss die Tür hinter sich. Er drehte sich in Richtung des Rheins. Vor ihm am Himmel glänzte der Vollmond in der Nacht. Doch als er sah, wie ein großer Vogel an ihm vorbeiflog, musste er wieder an Mondragon denken und rannte los.

Er rannte durch den ganzen Cardo Maximo, bis er an dem hölzernen Schild angekommen war. Auf der Seite, von der er kam, war ins Schild geschnitzt: CARDO MAXIMO. Auf der anderen Seite stand: CAMPUS MAGNUS (das ist Lateinisch und heißt GROSSES FELD). Julius rannte weiter übers Feld. Der Wind peitschte ihm ins Gesicht. Alles war still, auch die Vögel schliefen. Nur der Rhein rauschte. Als er nach ein paar Minuten an dem breiten Fluss angekommen war, setzte er sich auf einen Baumstamm und wartete ... Es kam ihm wie eine Ewigkeit vor, die er da saß und nachdachte, ob die Wasserdrachen ihn wohl angreifen würden oder ob sie ihm vertrauten...

Er saß so lange hier, dass er sich gerade vorstellte, er hätte sich das Gespräch mit Mondragon nur eingebildet, und dachte tatsächlich schon daran, einfach wieder zu gehen, da schossen plötzlich tausende Wasserdrachen aus dem Rhein, flogen zu ihm und blieben vor ihm in der Luft stehen. Julius stockte der Atem, als er sah, wie riesig die anderen Drachen waren. Ein ganz besonders großer

Drache landete nun vor ihm und sprach mit tiefer Stimme: »Zunächst einmal: Wie heißt du?«

Zögernd sagte Julius: »M-Mein Name ist J-Julius!«

»Nun gut. Ich, Rexagon, König der Rheindrachen, möchte dir, Julius, ein Angebot machen: Wie wir mittlerweile wissen, würdest du dich gern mit Mondragon anfreunden. Doch bei uns Drachen bestimmt der Drachenrat, ob jemand von uns Kontakt mit anderen Wesen aufnimmt. Also schlage ich vor, dass du dich weiterhin mit Mondragon treffen darfst und uns dafür die Stadt Colonia Claudia Ara Agrippinensium zeigst und uns etwas über sie erzählst.«

Julius antwortete hastig: »Ja, gerne. Ich erzähle euch gern etwas von der Stadt und ich würde sie euch auch gern zeigen, aber wenn ihr bei Tageslicht durch unsere Straßen lauft, wird das ein riesiges Tohuwabohu geben!«

Doch Rexagon sprach: »Das soll kein Problem sein. Erstens wirst du sie uns bei Nacht zeigen und zweitens werden wir nicht laufen, sondern fliegen. Du wirst auf Mondragon fliegen!«

Nun war Julius sprachlos. Fliegen! Auf Mondragon ... Da Julius nichts mehr sagte, kam plötzlich Mondragon nach vorne geschossen und fragte: »Und, was hältst du davon? Möchtest du mit mir fliegen?«

Julius, der seine Stimme nun wiedergefunden hatte, sagte nur: »Ja, gerne.«

»Sehr gut! Ich denke, du solltest nun zurück in deine Behausung gehen«, sprach Rexagon und wollte seinen Untertanen gerade ein Zeichen geben, damit sie wieder im Wasser verschwanden, da drehte er sich noch einmal um und fügte hinzu: »Ach, und wir treffen uns morgen

Nacht um Mitternacht wieder hier. Einverstanden?«

»Äh, ja«, rief Julius, der schon wieder losgerannt war. Mit einem letzten Brüllen schossen die Drachen wieder ins Wasser.

Den ganzen Heimweg dachte Julius darüber nach, wie es wohl war, auf einem Drachen zu fliegen. Zu Hause angekommen, wurde Julius leider überrascht. Der Riegel war vor die Tür gefallen. Als Julius fertig mit Fluchen war, ging er ums Haus herum in den Garten, wo er übernachten wollte, doch auf dem Weg dorthin sah er, dass er sein Fenster aufgelassen hatte. Glücklich kletterte er in sein Zimmer und legte sich wieder ins Bett. Nach wenigen Minuten war er eingeschlafen.

Am nächsten Morgen war Julius so müde, dass er verschlief, zu spät in die Schule kam und auch dort andauernd wieder einschlief.

Mondragon wurde noch in derselben Nacht zur Rheindrachenversammlung gerufen. Dort waren alle Mitglieder des Drachenrats, auch Rexagon.

»Mondragon«, sprach der Drachenkönig, »ich habe dich rufen lassen, um dir zu sagen, dass du nächste Nacht ganz besonders gut aufpassen sollst, was dir der Menschenjunge Julius zeigt und erzählt! Denn wir alle sind schon ganz gespannt.«

»Jawohl, oh König! Ich verspreche euch: Ich werde Euch alles genauestens berichten!«, sagte Mondragon mit kräftiger Stimme.

»Sehr schön, dann darfst du nun in deine Höhle zurückkehren«, sagte Rexagon und wandte sich zum Gehen.

»Meister«, rief Mondragon ihm nach.

Rexagon antwortete: »Ja, bitte?«

»Ich danke Euch, dass Ihr mir erlaubt, mich mit Julius anzufreunden«, sagte Mondragon. Da lächelte der König und verschwand.

Am Abend vor Mondragons und Julius' Treffen waren beide sehr aufgeregt. Mondragon stand gerade auf. Julius sollte nun ins Bett gehen. Doch beide saßen aufrecht im Zimmer.

Als es endlich kurz vor Mitternacht war, lief Julius glücklich los. Er hatte sich extra warm angezogen, denn er dachte sich, dass der Flug kalt werden würde. Aufgeregt rannte er den ganzen Weg: die Hohe Straße entlang, am Schild vorbei, übers Feld, bis er an einem Hügel angekommen war. Er blickte zum Rhein und sah enttäuscht, dass die Drachen noch nicht da waren. Nun lief er weiter auf den rauschenden Fluss zu. Doch plötzlich packten ihn kräftige Klauen von hinten an den Schultern und rissen ihn nun in die Höhe. Er bekam schreckliche Angst und zappelte heftig mit Armen und Beinen. Aber dann hörte er von oben die vertraute Stimme eines Freundes.

»Hab keine Angst Julius. Ich bin es, Mondragon!«, sprach der Drachenfreund.

Julius sagte erleichtert: »Ach, du bist es. Du hast mir einen riesigen Schreck eingejagt! Aber sag: Willst du mich die ganze Zeit über so tragen?«

»Nein. Natürlich nicht. Pass gut auf, ich werde dich nun auf meinen Rücken heben!«, antwortete Mondragon und schleuderte Julius mit einem Ruck durch die Luft auf seinen Rücken. Julius bekam ein flaues Gefühl im Magen, wie wenn wir in einer Achterbahn nach unten rasen. Aber dieses Gefühl kannten die Leute damals natürlich noch nicht.

»Du spinnst wohl! Von wegen heben. Du hast mich durch die Luft katapultiert«, schimpfte Julius mit dem Drachen. Etwas strenger sagte dieser:

»Entschuldigung, aber es ging halt nicht anders!«

»Na ja, ist ja jetzt vorbei«, sagte Julius, der nicht mit einem Wasserdrachen streiten wollte.

»Genau«, sagte Mondragon.

»Halte dich an meiner Mähne fest und erzähle mir alles, was du über diese Stadt weißt.«

Julius dachte einen Moment nach. Dann fing er an zu sprechen: »Früher, als wir Römer noch nicht hier wohnten, war diese Stadt nur ein Dorf. Hier lebten die Germanen. Dann ist Caesar gekommen und hat die beiden germanischen Völker angegriffen. Die Eburonen kämpften und verloren. Die Ubier aber wollten keinen Krieg, sondern mit uns Handel treiben. Agrippina, die Tochter des Feldherrn Agrippa, hat Kaiser Claudius dann überredet, den Ubiern Stadtrechte zu verleihen. Seitdem leben wir hier. Römer und Germanen.«

»Also lebten hier schon vorher Menschen?«, fragte Mondragon ungläubig.

»Ja, natürlich. Nur habt ihr das wahrscheinlich einfach nicht bemerkt, weil ihr fast nie aus dem Wasser herauskommt!«, sagte Julius in vorwurfsvollem Ton.

»Aha ...«, flüsterte Mondragon nachdenklich. »Gut, dann zeige mir doch jetzt noch etwas von der Stadt.«

»Gerne«, sagte Julius, dem allmählich ziemlich kalt wurde und deswegen schon mit den Zähnen klapperte.

Mondragon fragte: »Frierst du etwa?«

»Klar friere ich, ich hab ja keine dicken Drachenschuppen«, meckerte Julius genervt.

»Entschuldigung! Ich hätte früher daran denken sollen. Leg dich hin. Einfach hinlegen! Dir wird schon nichts passieren!«, sagte Mondragon ruhig. Julius dachte, der Drache wäre jetzt völlig irre.

»Da purzele ich ja sofort von deinem Rücken! Willst du mich umbringen?«

Mondragon antwortete gelassen:

»Wenn du dich hinlegst, berührt dein Körper mich mit einer größeren Fläche, und da Drachen starke Wärme ausstrahlen, wird dir wärmer! Übrigens: Ich möchte dich nicht umbringen, noch brauche ich dich!«

Julius wurde bleich und ihm wurde schlecht. Bald würde der Drache ihn nicht mehr brauchen! Doch zu seiner Erleichterung sagte Mondragon plötzlich:

»Das sollte ein Scherz sein. Leg dich jetzt hin, wenn du nicht erfrieren willst!«

Julius legte sich langsam auf den Bauch (natürlich ohne die Mähne loszulassen). Und tatsächlich: Ihm wurde warm und das Merkwürdigste war, dass ihm nicht von außen, sondern von innen warm wurde! Aber inzwischen war Julius die komischen Sachen, die Drachen so an sich hatten, schon gewöhnt und fragte nicht mehr danach.

Auf einmal hielt Mondradon mitten in der Luft an, zeigte auf einen Torbogen und fragte: »Wieso sind dort an den Seiten zwei kleine und in der Mitte ein großer Torbogen?«

Julius antwortete ihm: »Der große Torbogen ist für große Wagen und Kutschen, die beiden kleineren für Fußgänger!«

Nachdem sie ein paar Minuten über der karierten Straßenanordnung umhergeflogen waren und sich verschiedene Häuser und Gemäuer angesehen hatten, flogen sie zurück zum Rhein. Auf dem Weg dorthin zeigte Julius Mondragon die Häuser seiner Freunde und Verwandten. Als sie über dem Rhein waren, warnte Mondragon seinen Freund: »Bleib jetzt bloß liegen und vertraue mir! Jetzt werde ich dir zeigen, was es heißt, fliegen zu können!«

Julius wollte noch etwas fragen, doch da drehte Mondragon sich mit dem Kopf nach unten und schoss hinunter zum Rheinufer. Alles flitzte an ihnen vorbei. Verschwommen sah Julius den Boden immer näher kommen und bekam panische Angst. Da fielen ihm die Worte des Drachen wieder ein. Vertraue mir ... hatte Mondragon zu ihm gesagt. Also schloss er die Augen und wartete ab, was passieren würde. Dann wurde der Sturzflug abgebremst und der Drache drehte sich zur Landung wieder horizontal.

»Puh! Das war eine wilde Fahrt!«, sagte Julius leise.

»Ein wilder Flug«, berichtigte ihn Mondragon stolz.

»Julius, ich werde dir jetzt auch etwas von deiner Stadt zeigen. Etwas, dass du nicht sehen kannst. Etwas aus der Zukunft. Schließ die Augen!«

Julius gehorchte. Er schloss die Augen. Plötzlich sah er verschwommene Umrisse einer Kirche, die immer schärfer wurden. Nach einiger Zeit konnte Julius erkennen, dass die Kirche zwei Türme hatte.

Da sprach Mondragon: »In dieser Stadt wird ein Dom erbaut. Er wird zum Wahrzeichen der Stadt werden.«

Mondragon hörte auf zu sprechen und in Gedanken hörte Julius: *der Kölner Dom*.

»Woher weißt du das?«, fragte Julius erstaunt.

»Wir Drachen fühlen es ...«, antwortete Mondragon.

Darüber wollte Julius zu Hause in Ruhe nachdenken und beschloss, keine weiteren Fragen mehr zu stellen.

»Bist du einverstanden, wenn wir uns ab heute jede Vollmondnacht hier treffen?«, fragte Mondragon.

»Klar, warum nicht«, antwortete Julius erfreut.

»Na dann bis bald«, rief Mondragon und flog in den Himmel. Er drehte ein paar Runden vor dem Mond. Seine blauen Schuppen glänzten wunderschön im Mondlicht. Dann flog er zwei Loopings und stürzte sich mit einer eleganten Schraube ins Wasser.

Nach vielen weiteren Treffen der Freunde bekam schließlich Julius' Bruder Marcus etwas davon mit, dass sein Bruder sich jeden Abend vor einer Vollmondnacht aus dem Haus schlich, und so wurde er auch noch mit Mondragon bekannt gemacht. Nach ein paar Monaten wussten schon viele Kölner von den Drachen. Deshalb konnten sie schließlich doch noch mit den Drachen zusammenleben. Diese Verhältnisse hielten bis zum Mittelalter an, doch leider wurden in dieser Zeit sehr viele Bräuche der früheren Menschen abgeschafft, und es wurde nie wieder über die geheimnisvollen und einfach besten Wesen dieser Welt gesprochen:

))))))))Die Drachen((((((((

Ein kölsches Märchen
von Karl Heidelbach (12 Jahre)
& Janos Knittler (12 Jahre)

Es war einmal vor langer, langer Zeit, da gab es eine Stadt, die sich Köln nannte. Diese Stadt war etwas ganz Besonderes, denn sie hatte eine fünfte Jahreszeit, die sie von den anderen Städten im Lande unterschied. Man munkelte, dass sie einmal im Jahr mit bunt verpackten Süßigkeiten, die sie Kamelle nannten, um sich warfen. In dieser Stadt gab es einen König namens Fritz und eine Königin namens Alice, die hatten zehn Söhne.

Jeden Samstag präsentierten sie sich ihrem Volk auf einer großen grünen Wiese. Die begeisterten Leute jubelten ihnen zu und sangen kölsche Lieder. Alle waren glücklich und zufrieden, bis sich eines Tages ein Bewohner eines anderen Königreiches namens Mainz unter das Volk mischte und sie ausspionierte. Er sah, wie fröhlich und ausgelassen die Menschen in Köln waren, und überbrachte die Botschaft sofort seinem König. Dieser wollte nun auch diese fünfte Jahreszeit feiern, damit sein Volk ebenso fröhlich wird. Doch König Fritz erfuhr von diesem Vorhaben und war zutiefst entsetzt darüber. Doch da er ein gerechter Herrscher war, schlug er dem König von Mainz einen Wettkampf vor, dessen Sieger das Anrecht auf die fünfte Jahreszeit haben sollte. Der König von Mainz schlug vor, dass es am folgenden Samstag zu einem sportlichen Wettkampf zwischen ihren Söhnen kommen sollte. Das Ziel des Spieles sollte darin bestehen, einen Ball in das gegnerische Holztor zu schießen. Die Mannschaft mit den meisten Treffern sollte gewinnen.

Es waren nur noch zwei Tage bis zur großen Entscheidung, als ein Botschafter des Kölner Königs mitteilte, dass der Mainzer König elf Söhne hatte. Sofort wurde König Fritz klar, dass er mit seinen zehn Söhnen im Nachteil war, und schickte seine Gehilfen, einen elften Mann zu finden, den er als seinen Sohn ausgeben konnte.

Der Tag war schon fast vergangen und es hatte sich noch immer kein geeigneter Sohn gefunden. Als die Gehilfen dem König am Abend von ihrer vergeblichen Suche berichteten, schickte Fritz sie in seiner Verzweiflung in einen Vorort Kölns, in den sie bis dahin wenig Hoffnung gesetzt hatten. Sie hatten schon fast aufgegeben, als sie auf dem Dorfplatz einen jungen Mann sahen, der zaubergleich einen Ball führte, wie sie es noch nie gesehen hatten. Der elfte Prinz war gefunden, sein Name war Poldi.

Die freudige Botschaft verbreitete sich wie ein Lauffeuer und dann kam auch schon der Tag der Entscheidung. Mit Fahnen und Schlachtgesängen bejubelte das Kölner Volk seine Prinzengarde. Dank des falschen Prinzen konnten die Kölner schnell viele Tore erzielen. So erkannte der Mainzer König bald, dass er nicht gegen Köln gewinnen konnte. Nach ungefähr 90 Minuten erklärte er das Spiel für beendet. Somit war Köln der Sieger und konnte weiterhin die fünfte Jahreszeit feiern. Poldi wurde zu Prinz Poldi und schlug den Mainzern vor, solche Wettkämpfe regelmäßig zu veranstalten, da alle viel Spaß gehabt hatten.

Und die Moral von der Geschicht:
Ohne Poldi geht es nicht!

Mein Köln
von Nica Marie Zlonicky (10 Jahre)

Hallo! Ich bin Maike. Ich bin elf Jahre alt und habe eine kleine Schwester. Meine Familie und ich wohnen in Lohne. Aber fangen wir lieber mit der Geschichte an:

»Maike!« Maikes Mutter, die übrigens Anne heißt, rief durchs ganze Treppenhaus. »Das Taxi ist da!« RUMS DI BUMS. Maikes schwerer Koffer holperte die Treppe hinunter. »Beeilung!«, rief Jörg von draußen.

Für alle, die es noch nicht wissen, Jörg ist der Vater von Maike. Draußen hupte ein Auto. Maike und ihre Familie zogen nach Köln. Der Umzugswagen war schon vor zehn Minuten gefahren. Das Taxi sollte sie zum Bahnhof bringen und von dort aus fuhren sie mit dem ICE nach Köln. Maike war so aufgeregt! *Werde ich schnell neue Freunde finden?*, fragte sie sich.

»Meite«, lispelte Maikes dreijährige Schwester Lina.

»Maike, kannst du Lina kurz nehmen?«, fragte Anne. »Ich nehme auch deinen Koffer.«

»Okay«, sagte Maike genervt.

Als sie in den Zug gestiegen waren, war schon wieder eine halbe Stunde vergangen. Maike kam es vor, als wäre die Zeit stehen geblieben. Wann kamen sie endlich in Köln an? Aber schließlich war es so weit. Am Bahnhof wurden sie von ihrer Oma erwartet.

»Schön, euch zu sehen! Herzlich willkommen in Köln. Der Dom wartet schon auf euch!«, rief sie zur Begrüßung. Maike umarmte sie. Ihre Oma hatte für jeden ein kleines Geschenk mitgebracht. Maikes Geschenk war eine kleine Abbildung des Kölner Doms aus Stein.

»Oh, wie schön!«, rief sie.

»Das ist erst der kleine Dom. Du wirst dich gleich wundern, wie groß er in Wirklichkeit ist«, antwortete die Oma.

Der ganze Bahnhof war wunderschön geschmückt mit vielen Kerzen und Sternen. In der Ferne konnte Maike einen riesengroßen Weihnachtsbaum sehen. Sie nahmen nun ihre Koffer, Oma nahm Lina an die Hand und dann gingen sie zusammen zum Vordereingang des Bahnhofs. An der frischen Luft angekommen, sahen sie endlich den Dom. Die Spitzen verschwanden in den Wolken.

»Oh!«, staunte Maike. »So groß habe ich ihn mir nicht vorgestellt!«

»Ja«, sagte Oma, »die Türme sind 157 Meter hoch. Als er vor über 100 Jahren fertig gebaut war, war er das höchste Bauwerk der Welt.«

Sie gingen die große Treppe zum Dom hinauf. Maike zählte 25 Stufen. Auf dem großen Platz vor dem Dom war es sehr windig. Ganz viele Besucher standen vor dem Dom und legten den Kopf in den Nacken, um zu den Spitzen hochzusehen. Maike blieb stehen.

»Komm!«, rief Oma. »Sonst stehen wir heute Abend noch hier.« Als sie weitergingen, sah Maike lauter Buden aus Holz mit festlich bemalten Schildern. Viele Leute waren damit beschäftigt, die Hütten aufzubauen. »Hier wird gerade der Weihnachtsmarkt aufgebaut«, erklärte Oma.

»Es gibt einen Weihnachtsmarkt am Dom?«, fragt Maike.

»Ja«, sagt Oma. »Nächste Woche wird er eröffnet. Dann gehen wir auf jeden Fall zusammen hin. Aber jetzt lasst uns einen Taxistand suchen, damit ihr endlich euer neues

Haus sehen könnt. Und nachher zeige ich euch noch ein bisschen die Stadt.«

»Au ja!«, rief Maike.

»Au ja«, sprach Lina ihrer großen Schwester nach.

Als sie in der neuen Wohnung in der Südstadt angekommen waren, musste Maike erst einmal die ganze Wohnung erkunden. Schnell hatte sie ihren Lieblingsplatz gefunden: Ein Zimmer hatte einen Erker mit einer Sitzbank. Weil die Wohnung im fünften Stock lag, konnte man von dort aus den Rhein und die Spitzen des Doms sehen.

»Das wird dein Zimmer«, schmunzelte Anne.

»Wirklich?« Maike guckte sie mit großen Augen an.

»Ja, das haben Papa und ich uns so überlegt. Freust du dich?«

»Und wie! Das ist die schönste Überraschung, die ihr mir machen konntet!«, rief Maike.

»Komm«, rief Oma. »Wenn wir heute noch ein bisschen von der Stadt sehen wollen, bevor es dunkel wird, müssen wir jetzt los!«

Zehn Minuten später standen sie am Rhein. Maike guckte verträumt auf das Wasser mit seiner schnellen Strömung. Plötzlich hupte es hinter ihr.

»Achtung, Maike!«, rief Papa. Sie drehte sich um und sah eine kunterbunte Bahn.

»Das ist die Bimmelbahn«, erklärte Oma. »Sie wird Schoko-Express genannt, weil sie die Besucher vom Schokoladenmuseum zum Dom fährt.«

»Es gibt ein Museum für Schokolade?«, fragte Maike erstaunt.

»Ja«, sagte Oma. »Ich habe für morgen Karten reserviert.«

Am Abend schleppte sich Maike todmüde die 106 Stufen zur Wohnung hinauf. Sie setzte sich auf die kleine Bank in ihrem Erker und sah sich Köln von oben an. Jetzt sah sie viele der Bauwerke, die sie vorher beim Ausflug entdeckt hatten: das Schokoladenmuseum, die Rheinbrücken, die Spitzen der Severinskirche und des Doms.

Mein Köln, dachte sie, als sie auf die große, große Stadt hinunterblickte. Jetzt, von oben, sah sie auf einmal viel kleiner aus. In ihrem Fenster spiegelten sich die Lichter. Sie holte sich ein Kissen aus einem Umzugskarton, lehnte sich zurück und guckte sich ihre Stadt an. Langsam schlief sie ein und träumte, wie sie die vielen Treppen zur Spitze des Doms hinaufklettern würde.

»Mein Köln«, murmelte Maike im Schlaf.

Die Mäuse vom Dom
von Selen Yildizgördü (11 Jahre)

Es lebten so um die 80 Mäuse im Dom. Eine davon hieß Paula. Paula und ihre Geschwister fühlten sich in dem alten römischen Gemäuer sehr wohl. Wegen der Löcher in den Steinen konnten sie gut Verstecken oder Fangen spielen und die Etagen mühelos wechseln, ohne Gefahr zu laufen, unter den Füßen eines Menschen zu landen.

Paulas Großvater war der älteste der Mäuse und sehr schlau. An kalten Winterabenden erzählte er den Mäusekindern immer neue Geschichten. Als es Sommer wurde, erzählte er Paula, dass sie sich in den nächsten Tagen besonders in Acht nehmen müsse. Die nächste Woche sei vielleicht die wichtigste in Kölns Geschichte – der Weltjugendtag. Jugendliche und Erwachsene würden aus allen Ecken der Welt nach Köln kommen, die die verschiedensten Sprachen sprechen würden.

Paula wartete sehr gespannt auf diese Tage. Nachts, wenn sie in ihrem Bett, einem Brillenetui mit leichtem Polster, das jemand im Dom vergessen hatte, lag, dachte sie an die vielen Menschen, die alle mehr oder weniger verschieden waren. Sie hatte schon unterschiedliche Menschen gesehen, jedoch nur in der Mäusezeitung.

Dann, endlich, nach drei Tagen war es so weit. Sogar die Mäusezeitung ihres Opas berichtete in jeder Ausgabe von diesem großen Ereignis.

Die Menschenzeitung, dachte Paula, würde wahrscheinlich von nichts anderem mehr berichten.

Paula hörte immer wieder Sprachen, die sie nicht kannte, und erkundigte sich bei ihrem Großvater, welche Sprachen das waren. Bei einigen Sprachen konnte selbst ihr Opa nicht weiterhelfen, doch er schlug in dicken Büchern nach und übersetzte für Paula die Wörter und Sätze. So lernte sie sämtliche Sprachen der Welt. Ihr Großvater sagte, dass Paula bald seinen Platz übernehmen würde, denn sie konnte schon jetzt so viele Sprachen verstehen. Paulas Eltern, Bernhard und Mathilde, seien nur halb so schlau, jedenfalls, was die Sprachen betraf.

Am zweiten Tag des Weltjugendfestes ging sie freiwillig hinaus, um für ihre Familie Futter zu suchen. Paula ging zum Bahnhof und sah, dass die Treppe erneuert wurde. Es waren schöne, weiße Steine. Sie sah viele bunte Menschen, die auf der Treppe saßen, und Jugendliche, die auf dem Bahnhofvorplatz tanzten und eine tolle Stimmung verbreiteten. Vor lauter Staunen guckte Paula den Menschen noch ein bisschen zu und ging dann ohne Futter wieder nach Hause.

Als sie zu Hause ankam, fragte sie ihren Opa nach den neuen Steine, gegen die die alten Steine der Treppe ausgetauscht worden waren. Ihr Opa hatte neulich in der Lokalzeitung darüber gelesen. Es waren Marmorsteine aus Polen. Paula wusste, dass Polen ein Land war und im Westen an Deutschland grenzte. Ein paar polnische Wörter konnte sie auch, wie »guten Tag«, das hieß »dzine dobry« oder »gute Nacht«, das wiederum »dobranoc« hieß.

Paula fand die Marmortreppe wunderbar, sie fragte sich, ob es in Köln noch mehr so schöne Bauten gab. Sie hatte schon mal von einem Tadsch Mahal am Wilhelmplatz in Nippes gehört, wusste aber nicht so recht, was die Nippeser davon hielten.

Paulas Mäusefreund Patryk war aus Polen. Patryk wollte den Weltjugendtag genießen und danach mit seiner Mutter nach Polen zu seinen Verwandten ziehen.

In den nächsten Tagen genossen die beiden Freunde, Paula und Patryk, den Weltjugendtag: Sie tranken aus Türmen, deren Wasser tausendmal besser schmeckte als alles andere, was sie bisher getrunken hatten. Sie tanzten zwischen den Leuten umher, die lustige Musik auf Holzstämmen machten. Paulas Großvater erklärte ihnen, dass die »Holzstämme« Gitarren hießen.

Eines Tages war alles vorbei, Patryk und seine Mutter machten sich auf die Reise nach Polen, das erste Stück führte über den Rhein. Paula hatte ihren Eltern gesagt, sie wolle Patryk bis zum Rhein begleiten. Sie kannte den

Weg, da sie im Sommer oft im Fluss schwamm. Doch eigentlich wollte sie heimlich mitfahren, um noch mehr solcher Marmorsteine zu sehen.

Als sie am Rhein angekommen waren, verabschiedete sich Paula von Patryk und seiner Mutter. Dann überlegte sie, wie sie sich einschleichen könnte. Doch irgendwie kam ihr der Gedanke, dass es in Köln viel schöner war: Sie kannte die Sprache, die Inlinefahrer, die immer Kunststücke auf dem Domvorplatz machten, die Touristen, die den Dom fotografierten, den Rhein, die Straßenkünstler ...

Während sie in ihren Gedanken versank, war das Schiff schon weggefahren.

Mollys erste Reise
von Laura Brümmer (10 Jahre)

»Köln ist doch eine schöne Stadt, oder?«, fragte Molly, die kleine Fee, ihre Mutter.

»Das weiß ich nicht, warum fragst du?«

»Nun ja, ehh ... der Dieter sagt, er hat Verwandte in Köln.«

»Das kann sein, es gibt in Köln nämlich ein ganz großes Haus mit zwei Spitzen. Es hat auch einen Namen, irgendwas mit D..., D..., mhmmh, D... aaah, Dom!! Genau, Kölner Dom! Auf dem Dachboden vom Kölner Dom haben sich vor hunderten von Jahren ein paar Feenfamilien eingenistet. Das war natürlich gefährlich, so nah bei den Menschen, aber es gefiel ihnen so gut, dass sie geblieben sind.«

»Können wir nicht auch mal nach Köln reisen?«, fragte Molly.

»NEIN! Noch bist du zu klein, um mit Feenstaub zu reisen«, entschied Mollys Mutter.

»Ich bin schon 120 Jahre alt!«

»Du musst mindestens 140 Jahre alt sein, um so eine große Reise zu machen. Das geht ganz schnell, glaub mir.«

Dann gab sie Molly einen Kuss auf die roten Feenhaare und ging aus der Küche.

Molly ging zum großen Küchenschrank und holte eine grüne Dose heraus. Dann lief sie in ihr Zimmer. Sie holte ein dickes, altes Buch aus dem Regal und schlug eine mit einem Lesezeichen gekennzeichnete Seite auf.

Feen Zeit Stillstände stand ganz oben auf der Seite. Darunter das Rezept für einen sehr komplizierten Zaubertrank. Aber da Molly das Rezept in der Schule schon gemacht hatte, konnte sie es in- und auswendig. Und in Windeseile hatte sie ihn fertig! Jetzt goss sie ihn in ein Reagenzglas und verschloss es mit einem gläsernen Pfropfen. Sie lief in den Flur und goss den Trank über die Standuhr. Die Wirkung war Klasse! Alles blieb stehen, sogar die Uhr. Nur die Fee, die den Trank gebraut hat, kann sich natürlich weiterhin bewegen. Schnell lief Molly in ihr Zimmer zurück und packte sich noch ein Butterbrot aus ihrer Schultasche in einen kleinen Rucksack. Dann nahm sie sich eine Hand voll Pulver aus der grünen Dose, warf es auf den Boden und rief laut: »KÖLN!!!!«

Molly fühlte sich, als ob sie in einem langen Wirbel eine Rutsche hinunterfallen würde. WOMM!!!! Sie landete unsanft auf einem großen Platz. Sie konnte sich gerade noch vor einem riesigen Stöckelschuh retten, da wurde sie an ihrem kleinen Rucksack hochgehoben und vor ein Mädchengesicht gehalten. Das Mädchen hatte schwarze, schulterlange Haare und trug ein gelbes T-Shirt und eine braune Cordhose mit Gürtel. Außerdem hatte sie einen Hund an der Leine. Das Mädchen starrte Molly verdutzt an und musterte sie.

»Wer bist du und wie heißt du?«

Molly kniff die Lippen zusammen. »Ich bin Molly, die kleine Fee.«

»Dass du klein bist, sehe ich, aber dass du eine Fee bist, glaub ich nicht. Du hast gar keine Flügel.«

»Müssen Feen denn immer so aussehen wie in euren Menschenmärchen? Außerdem bin ich hier, um mir Köln anzusehen, und nicht, um einem dummen Menschenkind zu erklären, dass nicht alle Feen Flügel haben.«

»Soll ich dich ein bisschen herumführen?«, fragte das Mädchen versöhnlich.

»Wenn du mir deinen Namen verrätst.«

»Mathilda!«

»Gut, dann bring mich mal zu einem Haus mit zwei Spitzen, dem Dom!«

»Da bist du hier gerade richtig, denn hier ist der Domvorplatz.«

Sie drehte sich um und hielt Molly in die Luft.

Und da war der Dom! Groß erstreckte er sich bis in den Himmel. Mollys Augen wurden immer größer.

»Können wir da reingehen?«, fragte Molly. »Oben auf dem Dachboden wohnen nämlich ein paar von meiner Sorte.«

»Na gut, dann lass uns reingehen. Ich bringe meinen Hund nur eben zu Mama. Versteck dich in meiner Hosentasche.«

Dann gingen sie los. Es rumpelte und pumpelte in der Tasche, in die Mathilda sie gesteckt hatte. Dreck fiel auf ihr schönes weißes Kleid. *Diese Hose sollte wirklich mal in die Waschmaschine*, dachte Molly. Sie spürte, wie Mathilda anfing zu laufen. Dann wurde sie von riesigen Fingern gepackt und aus der Tasche gehoben. Als sie endlich wieder draußen war, fragte sie: »Kann man eigentlich auch auf den Kölner Dom hinauf?«

»Na klar!«, sagte Mathilda. »Aber wir müssen viele Stufen hinaufsteigen.«

»Das ist ja nun wirklich kein Problem!«, rief Molly. »Ich kann nämlich fliegen, auch wenn ich keine Flügel habe.«

Sie zog elegant einen kleinen Stab mit einem Stern obendrauf aus ihrer Kleidertasche.

»Wir fliegen!«, sagte sie. Dann betraten sie den Dom.

»Schööön!«, sagte Molly voll Begeisterung.

»Wir müssen zu der Treppe da«, sagte Mathilda und deutete auf eine kleine Tür. Sie gingen in die Richtung und Mathilda öffnete die Tür. Molly schwang ihren Zauberstab, als Mathilda die Tür wieder geschlossen hatte, und SCHWUPP standen sie auf dem Aussichtsportal von einem der Türme des Kölner Doms.

»Da kann man ja ganz Köln sehen!« rief Molly begeistert, als Mathilda sich übers Geländer lehnte und sie hochhielt.

»Jetzt lass uns meine Verwandten suchen«, sagte Molly.

»O.k.!«, meinte Mathilda und sie gingen um den Turm herum.

»Da!«, rief Molly. »Eine kleine Tür, gerade so groß, dass du noch durchpasst.«

Da waren sie.

»Hallo!«, rief Molly. Es wurde still. Alle starrten Mathilda an.

»Keine Sorge, die verrät nichts. Ich wollte nur sehen, ob es stimmt, dass ihr hier wohnt. Sind hier irgendwo Dieters Verwandte?«

Eine kleine Gruppe von Feen meldete sich.

»Oh, da. Ich komme auch aus Koboldshausen.«

Ein dicker Feenmann fragte: »Möchten Sie eine Tasse Dom-Tee?«

»Sehr gerne!«

»In der Größe ihrer Freundin haben wir leider keine Tasse.«

»Nach was schmeckt der Tee denn?«

»Nach allem! Und Sie spüren den schönsten Moment Ihres Lebens noch mal!«

Molly probierte. Es schmeckte scheußlich und köstlich zugleich, bitter und süß, scharf und sauer, nach Früchten und Kamille, nach Joghurt und Salzstangen und vielen Dingen mehr und zum Schluss spürte sie die Freude von damals, als sie ihren Feenzauberstab bekam.

»TOLL!!!«, rief Molly. »Aber es tut mir Leid, ich muss jetzt wieder nach Hause. Auf Wiedersehen und danke!«

Mathilda quetschte sich hinaus und Molly marschierte hinterher.

»Sehr gesprächig waren die ja nicht«, sagte Molly. Sie schwang ihren Zauberstab und PLOPP waren sie unten. Sie gingen aus dem Dom und Molly überreichte Mathilda ein kleines Beutelchen.

»Feenstaub«, sagte Molly grinsend, »den brauch ich für die Rückreise nicht und vielleicht möchtest du ja noch mal auf den Dom fliegen, damit geht das auch. Verrat die Feen bitte nicht.«

»Das werde ich nicht! Auf Wiedersehen!«, sagte Mathilda.

»Tschüss!«, rief Molly und schwang ihren Zauberstab.

»AQUENTE!«

Wieder der Wirbel, wieder bunte Farben und dann landete sie auf ihrem Bett.

Schon bewegte sich alles wieder. Würde sie ihrer Mutter jemals von ihrer Reise erzählen? Vielleicht. Aber erst mal würde Molly mit einem Geheimnis leben.

Mal ein ganz anderer Schultag
von Marie von Rogal (11 Jahre)

Es war ein wunderschöner Septembermorgen. Traumverloren schob Sophie ihr Kickboard aus dem Hausflur. Doch dann kam wieder dieser Schreckens-gedanke: Es war Montag, der Tag der ersten Französischarbeit dieses Schuljahres! Sophie schauderte. Diese Arbeit würde sie bestimmt verhauen. Weil sie so in Gedanken versunken war, achtete sie kaum auf den Weg. Und ehe sie sich versah, hatte sie sich im Herzen Kölns verirrt. *So ein Mist!*, dachte sie. *Verirrt auf dem Schulweg, lächerlich!*

Dann stolperte sie wie ein kopfloses Huhn in die nächste Straße.

Triererstraße, las sie. *Verfluchtes Pech! Diese Straße kenne ich nicht.*

Ohne so recht zu wissen, was sie tat, lief sie in die nächste Straße. Auch diese kannte sie nicht. Schließlich waren sie erst vor zwei Wochen hierher gezogen. Als sie in die nächste Straße einbiegen wollte, stutzte sie. Sie hatte das Geräusch von zerberstendem Glas gehört. Vorsichtig spähte sie um die Ecke und erschrak. Zwei schwarz gekleidete Kerle kletterten in ein Haus. Drei Minuten später kamen sie wieder heraus und reichten einem dritten Kerl eine schöne hölzerne, verschnörkelte Schmuckkassette. Sophie bekam weiche Knie. Die Diebe stahlen noch viele andere Dinge. Sophie suchte nach ihrem Handy, um die Polizei anzurufen. Pech, sie hatte es zu Hause vergessen. Also beschloss sie, die Diebe zu verfolgen. Die gingen zu Fuß zu ihrem Auto, das sie am Straßenende geparkt hatten.

Sophie erstarrte. Sie kamen direkt auf sie zu! Schnell versteckte sie sich in einem Hauseingang. Doch einer der Kerle hatte sie gesehen. Er machte einen Satz und plötzlich sah sie sein zornerfülltes Gesicht vor sich. Bevor sie wusste, wie ihr geschah, wurde sie gepackt, zum Auto geschleift, in den Kofferraum geworfen und geknebelt. Dann wurde der Kofferraumdeckel zugeschlagen. Vorne im Wagen planten die Männer die weiteren Schritte. Sophie lauschte den Männerstimmen, die gedämpft zu ihr herüberwehten, angestrengt und voller Angst.

Einer der Kerle fragte: »Severin Serafin, alter Freund, was willst du mit der Schmuckkassette anstellen?«

Der Mann lachte kurz und gehässig auf und sagte dann mit leicht spöttischem Unterton: »Dieses hübsche

Schmuckkassettchen ist unheimlich wertvoll, du Schussel. Wir bringen es zum Möbelverkauf Ariat in Münster. Dort arbeitet ein alter Kumpel von mir, Jack Roles. Er geht an den Wochenenden regelmäßig zum Schwarzmarkt. Da verkauft er seine Sachen, die er ‚gesammelt' hat, und an manchen Tagen verdient er damit über 550.000 Euro! Zufällig wusste er, dass diese Schmuckkassette sich im Besitz dieser Milliardärin befand. Er beauftragte mich, sie zu stehlen, da er schätzte, dass er etwa 595.000 dafür bekommen kann. Wenn alles klappt, teilt er den Gewinn mit mir und ich teile ihn mit euch, verstanden?«

Der andere bejahte.

Dann brummte der Dritte mit einer rüden Stimme, die Sophie die Nackenhaare zu Berge stehen ließ:

»Was machen wir mit diesem Gör?«

»Wir bringen sie in den Dom. Sakramentskapelle. Dort ist ein fabelhaftes Versteck. Da traut sich niemand rein – Flüche!«

Sophie erschrak. Doch dann kam ihr eine geniale Idee. Mit flinken Fingern riss sie eine Seite aus ihrem Geschichtsheft, nahm ihren Füller und schrieb:

Diebstahl in der Pfälzerstraße:
3 Diebe, einer heißt Severin Serafin
Diebesgut kommt nach Münster ins Lager vom Möbelverkauf Ariat, Herr Roles.
Mich sperren sie in den Dom, Sakramentskapelle.
   Sophie Eselhaul

Sophie faltete den Zettel zusammen und suchte nach einem Riss, um ihn rauszuwerfen. Es gab keinen. Sophie verzweifelte. Doch dann entdeckte sie, dass man den Kofferraum von innen öffnen konnte. Sie öffnete ihn einen winzigen Spaltbreit und warf den Zettel ins Freie. Leise schloss sie den Kofferraumdeckel wieder und lauschte weiter dem gedämpften Gespräch. Die Männer planten immer noch. Sophie seufzte schwer. *Warum haben sie mich bloß entdeckt?*, hämmerte es ihr durch den Kopf. *Warum nur? Will mich das Pech denn den ganzen Tag verfolgen?*

Als sie am Dom ankamen, riss einer der Diebe den Kofferraum auf, packte sie und trieb sie in den Dom. Am liebsten hätte Sophie um Hilfe geschrien, doch sie traute sich nicht. Alle Besucher starrten fasziniert den Schrein an. Niemand achtete auf Sophie. Als der Gauner sich unbeobachtet fühlte, verstärkte er den Druck auf ihrer Schulter und verschwand mit ihr in der Sakramentskapelle. Dort stieß er sie in die kleine Wohnung, die dahinter versteckt war.

Draußen hörte Sophie das Türschloss knacken. Die Schlüssel blieben stecken. Eine ganze Weile suchte sie einen Ausweg aus der Wohnung und hämmerte gegen die Tür, dann gab sie auf und sank erschöpft auf den Fußboden.

Viele Straßen weiter hatte ein Junge Sophies Zettel gefunden und rannte zur Polizei. Außer Atem kam er an.

»Herr Wachtmeister!«, rief er. »Ich weiß, wo Sophie Eselhaul ist. Gucken Sie mal, diesen Zettel hab ich in der Gürzenichstraße gefunden. Den hat sie unterzeichnet.« Atemlos brach er ab.

Der Wachtmeister las sich alles durch und sagte: »Danke für diese Hilfe. Ich werde veranlassen, dass man

Sophie befreit und die Männer festnimmt. Kennst du Sophie?«

»Ja«, sagte der Junge, »aus der Schule. Sie ist meine Freundin. Ich heiße Aaron.«

»Dann darfst du sie befreien, du darfst mitkommen!«

»Super!«, rief Aaron. »Danke!«

Sophie traute ihren Ohren kaum, als sie den Schlüssel im Schloss hörte. Dann erkannte sie Aarons Stimme: »Sophie?«

Sophie sprang auf.

»Aaron?«, rief sie fragend und schwebte fast an die Decke vor Glück.

»Ja«, rief er und öffnete die Tür. »Komm schnell, die Polizei wartet vorm Dom.«

Sophie rannte auf ihn zu und umarmte ihn. Er fasste ihre Hand, sie spurteten durch den Dom und traten hinaus ins gleißende Sonnenlicht.

Sophie und Aaron mussten noch zur Polizeiwache, dann durften sie nach Hause. Als Sophie dort ankam, weinte ihre Mutter, umarmte und küsste sie. Wenig später kam ihr Vater nach Hause und lauschte ihrer Geschichte mit offenem Mund.

Als sie später friedlich in ihrem Bett lag, lachte Sophie in sich hinein. Was würde ihr Lehrer sagen, wenn er das alles im Entschuldigungsbrief lesen würde?

Die geheimnisvolle Domplatte
von Nina Roxanne Karge (12 Jahre)

In Kölle gibt es drei echte kölsche Freunde! Die mutige Olivia, die etwas ängstliche, jedoch immer hilfsbereite Larissa und den starken Ali. Ali ist zwar ein Türke, aber das nehmen wir nicht so genau! Ist ja in Köln geboren. Also ein echter kölscher Jung!

Die drei Freunde wollten mal wieder auf der Domplatte spielen, wie sie es so oft tun. Jedoch wollten sie heute eine Stelle finden, wo sie ungestört spielen könnten und die Inlineskater ihnen nicht die Füße abfahren. Wirklich in der hintersten Ecke fanden sei einen sehr schönen Platz! Die drei überlegten, was sie so spielen könnten. Larissa hüpfte Hüpfekästchen, um sich die Zeit zu vertreiben. Sie hüpfte vor, zurück, links, zurück, rechts. Plötzlich spürte Larissa, wie sich unter ihren Füßen etwas bewegte. Sie sprang sofort ängstlich zur Seite. An der Stelle, wo Larissa eben noch gestanden hatte, öffneten sich die Steine und sie blickten in ein düsteres, tiefes, großes Loch. War durch Larissas Hüpfen ein geheimnisvoller Mechanismus ausgelöst worden?

»Lass uns reingehen!«, meinte Olivia sofort aufgeregt.

Doch Larissa erwiderte ängstlich: »Um Gottes willen! Was erwartet uns denn dort unten bloß?« Doch Ali zog sie einfach mit ins Dunkle. Was würde sie nun erwarten?

»Hier finden wir bestimmt Gold und Silber!«, stellte sich Olivia vor.

»Diamanten bestimmt auch!«, meinte auch Ali.

»Hast du eine Taschenlampe dabei?«, flüsterte Larissa.

»Ja!«, Ali knipste sie an. Was sehen die drei wohl?

»Was ist denn das?«, meinte Olivia enttäuscht. »Ein alter Stein und ein Besen?«

Auch Ali war schwer enttäuscht: »Es ist ein Grabstein! Wo ist das Gold und das Silber?«

»Der Grabstein gehörte Walter von Logemann, er lebte vom 30.11.1136 bis zum 2.6.1198«, stellte Olivia fest.

»Lasst uns gehen, hier gibt es nichts Interessantes!«, meinte Ali.

Doch Larissa betrachtete den Besen genauer. Und sie hob ihn hoch.

»Puh, ist der schwer! Außerdem ist ein Wort eingeritzt: MUTNEGRA. Was heißt das?«

»Das würde mich auch mal interessieren!«, erwiderte nun auch Olivia.

»Mich auch, das finden wir heraus!«, beschloss Ali.

»Super Idee!«, stimmte Olivia zu. »Aber wie?«

»Ich habe doch zu Hause einen Computer, lasst uns im Internet nachgucken«, schlug Ali vor.

»Glaubst du, wir finden dort etwas?« fragte Larissa.

»Wenn es dieses Wort überhaupt gibt, bestimmt!«, erklärte Ali.

»Na, dann los, worauf warten wir noch? Auf zu Ali!«, beschloss Olivia.

Sorgsam deckten sie ihr Geheimversteck mit Brettern zu. So machten sich die drei auf den Weg zu Ali. Dort angekommen, setzten sie sich sofort an den Computer.

»Ich tippe jetzt MUTNEGRA ein, mal sehen, was passiert. Aha, es gibt eine Firma, die so heißt«, erklärte Ali.

»Was hat denn eine Firma aus dem Jahr 2005 mit einem Besen aus dem 12. Jahrhundert zu tun?«, fragte sich Olivia.

»Lasst uns doch nachfragen«, meinte Larissa, »dort steht ja eine Telefonnummer.«

»Meinst du? Versuchen können wir es ja mal«, stimmte Olivia zu.

Ali nahm den Hörer und tippte die gewünschte Nummer ein.

»Hallo, ich bin Ali.«

Eine Stimme fragte: »Sind Sie ein Kunde von uns?«

»Äh, nein, ich möchte Ihnen eine Frage stellen«, erklärte Ali.

»Dann schieß mal los«, sagte die Stimme am anderen Ende freundlich.

»Ich wollte Sie nur mal fragen, warum Ihre Firma MUTNEGRA heißt. Es ist doch ein komischer Name, oder?«, fragte Ali neugierig.

Der Mann an Telefon lachte herzhaft und sagte: »Wir haben uns einen Scherz erlaubt. Es ist Lateinisch und heißt übersetzt und rückwärts gelesen: SILBER.«

»So ist das also!« Ali ging ein Licht auf. »Vielen Dank, Sie haben mir sehr geholfen!«

»Das hab ich gern getan!«, sprach der Mann.

Als Ali aufgelegt hatte, erzählte er den anderen, was der Mann gesagt hatte.

»Das ist ja wunderbar! Könnte es sein, dass der Besen etwas mit Silber zu tun hat? Vielleicht kommen wir doch noch an unseren Schatz!«, freute sich Olivia.

»Mir geht ein Licht auf, es passt alles zusammen: Der Besen ist schwer und MUTNEGRA ist eingeritzt. Der Besen ist aus Silber!«, folgerte Larissa schnell.

Sofort sagte Olivia: »Lasst uns zum Dom gehen und uns den Besen genauer angucken und untersuchen.« Ali und Larissa stimmten zu und schon waren sie auf dem Weg zur Domplatte. Dort angekommen, räumten sie die Bretter weg und stiegen wieder ins Dunkle.

»Ich hab den Besen, lasst uns wieder hochgehen«, meinte Olivia. »Er ist echt so schwer wie Silber!«

Larissa erwiderte: »Du hast vergessen: Es *ist* Silber!«

»Wohin jetzt damit?«, fragte Ali

»Ich habe eine sehr gute Idee! Wir bringen es zum Schnüttgen. Es ist doch ein mittelalterliches Museum«, schlug Larissa vor.

»Worauf warten wir noch?«, fragte Ali.

So nahmen die drei den Besen und liefen zum Museum. Dort angekommen, zeigten sie den Besen einem großen Mann, der im Museum arbeitete. Er betrachtete den Besen genau und fragte: »Kinder, wisst ihr, was ihr da gefunden habt? Es ist ein wertvolles altes Fundstück und viele 100.000 Euro wert.«

Die Kinder staunten nicht schlecht, als sie das hörten.

»Wir sind echte Helden!«, freuten sich die drei.

»Ja, das seid ihr wirklich! Ihr habt eine Belohnung verdient!«, stimmte der Mann zu.

Larissa, Olivia und Ali bekamen ein Jahr lang Freikarten für alle Museen und Freizeitbäder in Köln. Der Besen blieb im Schnüttgen-Museum und auf der Gedenktafel stand:

Gefunden von drei echten kölschen Pänz!

Das Loch in der Domplatte wurde wieder zugemacht und die Kinder hatten das wundervollste Jahr, das sie sich vorstellen konnten!

Hänneschens neue Mütze
von Milena Neuhausen (11 Jahre)

An einem kalten Wintersamstag, die Luft roch nach Schnee und Lebkuchengebäck, gingen Tom und sein Vater warm eingemuckelt durch die Stadt. Sie freuten sich auf das Hänneschen-Theater. Dort angekommen, setzten sich Tom und sein Vater in die erste Reihe, die sehr nah an der Bühne lag. Der Raum wurde immer voller, es war schön warm. Als alle Leute ruhig geworden waren, ging es los. Tom hörte aufmerksam der Ansage des Hänneschens zu. Ihm gefielen die bunten, fröhlichen Kostüme der Stockpuppen. Er merkte kaum, wie ihm die Augen immer schwerer wurden, er hörte alles nur noch ganz leise und konnte seine Augen nicht mehr offen halten. Sein Vater merkte nicht, dass Tom eingeschlafen war.

Plötzlich wachte Tom auf. Er saß ganz alleine in dem großen Theaterraum, umgeben von mindestens hundert leeren Stühlen. Er bekam Angst.

Ist mein Vater etwa ohne mich gegangen? Das würde er doch nie tun, dachte Tom. Plötzlich ging auf der Bühne ein Scheinwerfer an. Hinter dem Vorhang erschien eine Stockpuppe, es war das Hänneschen.

»Hallo, wie heißt du?«, fragte es.

»T...T...T...Tom«, sagte Tom stotternd. *Das muss doch ein Traum sein*, dachte er. *Ein sehr seltsamer Traum muss das sein!*

»Komm!«, sagte das Hänneschen. »Ich zeig dir ein bisschen von dem wundervollen Köln!«

Na gut, dachte Tom, *schaden kann es ja nicht.*

Nanu, was war das denn? Das Hänneschen hatte plötzlich gar keine Stöcke mehr! Es sah aus, als würde es von einer Geisterhand bewegt werden, wie es da mit kleinen Sprüngen zur Tür hopste.

»Komm schon«, rief es Tom zu.

Verwirrt ging er ihm nach.

Den ersten Halt ihres Spaziergangs machten sie am Kölner Dom. Dort betrachteten sie den goldenen Schrein der Heiligen Drei Könige und die Glocke namens Dicker Pitter. Als sie einem Maler auf der Domplatte zusahen, kam ein Skater angerollt und riss dem Hänneschen die Mütze vom Kopf.

»So eine Frechheit!«, rief es dem Skater hinterher. Nach ein paar Runden kam er wieder angerollt und schmiss die Mütze auf den Boden.

»Oh nein!«, rief das Hänneschen. »Das Glöckchen ist abgesprungen.« Er hob es auf und gab es Tom in die Hand. »Das schenke ich dir, damit du mich nicht vergisst!«, sagte das Hänneschen. Tom steckte es in seine Hosentasche.

»Ach, na ja, ich wollte sowieso schon immer mal eine neue Mütze haben!«, sagte das Hänneschen.

»Wir können dir ja jetzt eine kaufen, wenn du Geld dabeihast«, meldete sich Tom.

Gesagt, getan, und so gingen sie zu einem Kaufhaus. Tom und das Hänneschen sahen sich verschiedene Mützen an.

Da rief das Hänneschen: »Da! Die Mütze möchte ich haben, die rot-weiß gestreifte mit dem Geißbock drauf. Die ist schön!«

»Eine FC-Mütze?«, fragte Tom erstaunt. *Na gut*, dachte er.

Als sie die Mütze bezahlt hatten, rief plötzlich ein dicker Mann: »Da! Eine sprechende Puppe! Die müssen wir einfangen! Die könnte uns viel Geld bringen!«

Tom und das Hänneschen rannten so schnell sie konnten, doch der Mann war ihnen dicht auf den Fersen. Sie rannten durch eine Tür. Nun waren sie auf der Hohe Straße, die liefen sie entlang bis zum Roncalliplatz. Und ehe Tom sich versah, waren sie auch schon im Römisch-Germanischen Museum. An dem Dionysos-Mosaik machten sie Halt.

Sie dachten, sie hätten den Mann abgeschüttelt. Irrtum! Da! Hinter einer männlichen Statue tauchte er auf.

»Los!«, rief das Hänneschen. »In die Philharmonie!«

Als sie so gerade noch am Türsteher vorbeischlüpften, wurden sie von Flöten und Geigen begrüßt. Die Musik war sehr schön, doch da kam auch schon wieder der Mann angehechelt.

»Schnell! Wieder zum Dom! Ich habe eine gute Idee!«, sagte das Hänneschen erschöpft. Sie rannten zum Dicken Pitter. Als der dicke Mann dort angekommen war, fing, wie das Hänneschen gewusst hatte, der Dicke Pitter an zu läuten. Da konnte der Mann einfach nicht mehr und musste sich setzen.

»So spät schon!«, rief das Hänneschen. »Ich muss wieder zurück.«

Vor der Tür des Hänneschen-Theaters blieben sie stehen. Das Hänneschen sagte zu Tom: »Ich fand es sehr schön und aufregend, mit dir durch Köln zu gehen! Vielleicht sehen wir uns ja mal wieder! Aber jetzt muss ich gehen! Auf Wiedersehen!« Das Hänneschen verschwand durch die Tür. Tom huschte hinterher.

Plötzlich saß er wieder auf dem Platz neben seinem Vater. Vor ihm auf der Bühne zappelte das Hänneschen. Hatte er das alles nur geträumt? Tom spürte etwas in seiner Hosentasche. Er guckte nach. Es war das Glöckchen von Hänneschens Mütze. Tom schaute zu ihm und es zwinkerte ihm zu. Ob Traum oder Wirklichkeit, dieses Erlebnis wird Tom nie vergessen!

Entführung am Kölner Hauptbahnhof
von Nelly Vongries (10 Jahre)

Lucky lebte nun schon eineinhalb Jahre mit seinen Freunden am Kölner Hauptbahnhof. Es war kein schlechtes Leben. Es gab genug zu essen und zu trinken: weggeworfene halbe Bratwürste, manchmal sogar ein kleines Fischbrötchen und noch einiges andere, das bedauerlicherweise nicht so gut schmeckte. Mit seinen Freunden Fussel, Schussel und Paco erschreckte Lucky jeden Tag viele Menschen. Sie sprangen ihnen auf die Schulter, bissen in ihre Hacken und spielten mit ihren Schnürsenkeln.

Als Lucky, Fussel, Schussel und Paco wieder einmal versuchten, die Leute zu erschrecken, fragte Lucky:

»Was meint ihr, soll ich dem Mann mit dem griesgrämigen Gesicht auf die Schulter springen? Oder in seine komischen Schuhe beißen?«

»Ich wäre für beides«, kicherte Schussel.

Lucky nickte. »Das ist eine gute Idee.«

Leise schlich er sich von hinten an, biss dem Mann in die Hacke und verschwand hinter der nächsten Ecke. Verwundert blickte der Mann zu seinen Füßen, zuckte mit den Schultern und ging schnell weiter. Wieder pirschte Lucky sich an und sprang ihm auf die Schulter. Erschrocken zuckte der Mann zusammen und blieb stehen. Da sah er Lucky und dachte: *Oh, die arme kleine Katze. So allein hier am Hauptbahnhof, bei den vielen Menschen.*

Als der große Mann versuchte, nach der Katze zu greifen, sprang diese erschrocken von seiner Schulter und lief weg. Der große Mann, wie Lucky ihn getauft hatte, rannte hinter ihm her und eine kleine Verfolgungsjagd begann: auf Bahnsteige und wieder hinunter, in Läden und hinter Theken, bis es irgendwann keinen Ausweg mehr für Lucky gab und der große Mann mit schnellen Schritten auf ihn zukam. Er packte ihn unsanft, obwohl er bestimmt das Gegenteil wollte. Für Lucky stand fest, dass dieser Mann überhaupt nichts von Katzen verstand. Er steckte ihn in einen Rucksack und so verließen sie den Bahnhof.

Anhand der Geräusche konnte Lucky ungefähr erahnen, wo er sich befand, denn ab und zu besuchte er mit Fussel, Schussel und Paco ein paar Freunde in der Nachbarschaft. Es ging über die Domplatte, auf eine große Straße zu, deren Namen Lucky nicht kannte. Hier blieb der große Mann stehen und stieg in ein Auto. Den Rucksack mit Lucky legte er auf die Rückbank. Nach ungefähr einer Viertelstunde Fahrt parkte das Auto und Lucky wurde hochgenommen. Kurz darauf hörte er, wie er eine Tür aufschloss und hineinging. Im Haus stellte der große Mann den Rucksack ab, öffnete und ließ Lucky heraus, der zuerst wütend versuchte, den großen Mann zu kratzen.

Am Bahnhof hatten Fussel, Schussel und Paco erschrocken mit angesehen, was passiert war.

Der große Mann hatte Lucky eine Schüssel mit Wasser und eine zweite mit scheußlich schmeckendem Katzenfutter hingestellt.

»Hast du einen Idee, wie wir Lucky befreien können?«, fragte Schussel.

»Nein, vor allem müssen wir zuerst feststellen, wo er überhaupt ist!«

»Besserwisser!«

Fussel ignorierte ihn und sagte: »Hoffentlich hat Paco sie verfolgen können.«

Schussel nickte. In diesem Moment kam Paco.

»So eine kleine süße Miezekatze, ich gehe mal einkaufen. So lange bleibst du hier, okay?«

Lucky knurrte.

»Ja, du musst dich erst einmal daran gewöhnen, dass das Futter hier so gut schmeckt. Und dieser Luxus hier, das ist ganz ungewohnt für dich, was?«, fragte der große Mann und ging.

Von wegen Luxus, dachte Lucky. *Hoffentlich holen mich die anderen schnell hier raus.*

»Der Mann, der mit Lucky verschwunden war, ging zuerst über die Domplatte. Dann ging er auf eine große Straße zu – auf den Namen habe ich nicht geachtet. Dort stieg der Mann in ein Auto und ich dachte: Wie soll ich denn einem Auto folgen? Doch zum Glück fand ich es an einer Ampel wartend wieder. Es ist ein roter Ford.«

Paco schien das Auto nicht zu mögen, denn er verzog das Gesicht.

»Ich finde Fords toll«, sagte Fussel.

»Na ja, ist ja jetzt auch egal. Auf jeden Fall fuhr das Auto danach nicht mehr so schnell und ich konnte ihm gut folgen. Es fuhr auf das Haus mit der Hausnummer 25 in der Severinstraße zu und parkte im Innenhof. Der Mann stieg aus, öffnete die Haustür und verschwand im Haus«, berichtete er ein wenig außer Atem.

Als der große Mann einkaufen gegangen war, guckte sich Lucky ein wenig in der Wohnung um. Die Küche war nicht groß und hatte einen komischen Tisch. Das Wohnzimmer sah so gar nicht nach Luckys Geschmack aus. Nur ein kleines Bücherregal, ein kleiner Fernseher und ein quietschgrünes Sofa standen darin. Badezimmer und Schlafzimmer waren leider abgeschlossen. Während Lucky sich die Wohnung anschaute, hatte Fussel eine Idee, wie man ihn befreien könnte.

Der große Mann war inzwischen wieder zu Hause. Er hatte gerade die Einkaufstüten abgestellt, da klingelte es an der Tür. Er öffnete und sah eine Katze.

Oh, die ist ja fast noch süßer als die andere, dachte er und lief der Katze nach, die, nachdem er versuchte, sie zu greifen, davonlief. Schussel und Paco liefen in die Wohnung und sahen Lucky, der froh war, seine Freunde wiederzusehen.

»Wo ist Fussel?«, fragte er.

»Hängt den Mann ab«, antwortete Schussel.

»Kommt, wir gehen zum Hauptbahnhof«, sagte Paco.

Inzwischen lief Fussel am Eierplätzchen vorbei und die

Bonner Straße hinauf bis zum Severinstor, das Hirschgässchen herunter und auf den Platz an der Eiche. Dort an dem Spielplatz in einem Busch blieb er stehen und suchte den Mann. Doch er sah ihn nicht, sosehr er sich auch umschaute. Zufrieden kehrte er zum Bahnhof zurück, wo Lucky, Schussel und Paco schon auf ihn warteten.

»Ich danke euch. Vielen, vielen Dank«, sagte Lucky glücklich.

Von da an passten sie beim Erschrecken der Menschen auf, aber ihren Spaß hatten sie trotzdem. Manchmal sahen sie sogar den großen Mann, der sie aber nicht weiter beachtete.

Diebstahl auf dem Weihnachtsmarkt
von Maikel Beier (11 Jahre)

Es war einer der Tage, an denen mir die Kunden fehlten. Ach ja, ihr wisst ja gar nicht, wer ich bin. Mein Name ist Coke, Mike Coke und ich wohne in Köln. Köln ist eine Stadt, sie ist groß, schön und sehenswürdig. Ach, das erfahrt ihr in meiner Geschichte sowieso. Also fangen wir an:

Ich bin ein Detektiv mit gutem Ruf. Ich wohne am Neumarkt. Es ist Winter, kurz vor Weihnachten. Der Weihnachtsmarkt ist gut besucht. Ich schlenderte hinüber. Es roch nach Glühwein und Lebkuchen. An jeder Bude standen Leute, die ihr Weihnachtszeugs verhökern wollten.

Plötzlich wurde es still, doch dann wurde die Stille von einem Schrei durchbrochen. Ich fühlte mich verantwortlich, nachzusehen, denn ich bin immerhin ein Detektiv.

Ich kam an einer riesigen Schaubude vorbei, wo die edelsten Schmuckstücke zu bewundern waren. Eine Frau saß dort, der immer noch der Schock im Gesicht geschrieben stand. Ich zückte meinen Ausweis und sagte: »Mike Coke, Privatdetektiv, auch genannt Adlerauge!«

Die Frau brachte nur ein heiseres »Guten Abend, Herr Coke« heraus. Ich fragte sie sofort, was los sei.

Sie antwortete: »Jemand hat eins meiner Colliers im Wert von 200.000 Euro gestohlen.«

Ich fragte natürlich, wer für sie verdächtig wäre.

Sie sagte: »Ich bediente gerade einen Mann. Es war wieder mal so ein Mann, der sich nicht sofort entscheiden konnte, welches Collier er seiner Geliebten schenken wollte. Also legte ich ihm mehrere Schmuckschatullen auf den Ladentisch. Plötzlich lief ein Junge weg. Als ich dann in die Schmuckschatullen blickte, bemerkte ich, dass eine leer war. Ich gebe Ihnen 1.000 Euro Vorschuss, wenn Sie meinen Fall aufnehmen.«

Ich antwortete: »Klar doch, für 1.000 Euro Vorschuss löse ich jeden Fall!«

Und nun bin ich mittendrin! Ich begab mich sofort auf die Suche. Als Erstes sah ich mich am Tatort um. Dort bemerkte ich, dass der Junge einen Fehler gemacht hatte: Er war durch eine Pfütze gelaufen. Ich verfolgte die Fußspuren, bis ich an eine Bushaltestelle kam. Ich schaute im Fahrplan nach, wo der Bus langfährt. Ich lief zu meinem Porsche, der Gott sei Dank in der Nähe stand, und startete die Verfolgungsjagd. An der nächsten Haltestelle stieg der Dieb aus und in einen Audi ein, der von einem Fremden gefahren wurde.

Mit 50 km/h fuhr ich durch die Stadt, über die Schildergasse, von dort auf die Hohe Straße, das sind die zwei beliebtesten Einkaufsstraßen Kölns. Bei der Sache war mir gar nicht wohl zu Mute, weil es Fußgängerzonen sind. Beide Fußgängerzonen waren sehr gut besucht, schließlich war es kurz vor Weihnachten und die Touristen besuchen sie gerne und gehen von dort aus zum Kölner Weihnachtsmarkt. Ich schlängelte mich durch die Fußgängerströme. Das war ziemlich schwer. Zum Glück fuhr ich niemanden um!

Der Täter stoppte seinen Audi vor dem Heinzelmännchenbrunnen. Beide stiegen aus, sie trugen Strumpfmasken und liefen an dem Brunnen vorbei. Ich bemerkte, dass bei dem Dieb eine Kreuznarbe durch die Strumpfmaske zu sehen war.

Sie liefen weiter, über die römische Treppe, am Römisch-Germanischen-Museum vorbei, auf die Domplatte. Dann verlor ich sie auf dem kleinen Weihnachtsmarkt, so nennen wir Kölner ihn, da er viel kleiner ist als der Weihnachtsmarkt am Neumarkt, aus den Augen.

Ich machte mich frustriert auf den Weg zum »Früh«, das ist eine original kölsche Kneipe. Ich trank dort ein Bierchen und belustigte mich, weil ein Tourist einen halven Hahn bestellte und nicht schlecht staunte, als er ein Käsebrötchen bekam. Diese Touristen! Dann aber dachte ich an das Kennzeichen des Audis. Es hieß: K-SP 899. Sofort bezahlte ich und ging ins nächste Polizeirevier, um dort nach den Kennzeichen zu fragen.

Kommissar Lächerlich sagte: »Das Auto ist auf den

Namen Peter Mieslich angemeldet, wohnhaft Boboweg 8 in Mülheim.« Ich ging raus und stieg in meinen Porsche. Auf dem Weg kam ich am Rhein vorbei, der Fluss von Köln. Ich musste auf die Schäl Sick.

Als ich am Boboweg 8 ankam, machte niemand auf. Ich schaute mich genauer um und entdeckte ein offenes Fenster. Kurz entschlossen kletterte ich rein. Im Raum stand ein Mann. Ich erkannte sofort an seiner Kreuznarbe, dass es der Audifahrer war.

Das Narbengesicht schrie schockiert: »Was suchen Sie in meinem Haus?«
Von diesem Lärm angelockt, kam ein kleiner Junge rein.

Ich sagte zu ihm: »Ich bin Mike Coke, Privatdetektiv. Ich war Zeuge des Diebstahles ihres Sohnes auf dem Weihnachtsmarkt.«

Der Mann schrie: »Nein, es ist gar nicht wahr, Sie Lügner!«

Der Junge sagte daraufhin: »Komm, Papi, ich sag ihm die Wahrheit! Ich habe das Collier gestohlen, weil wir zu hohe Schulden haben, um es zu bezahlen. Dabei wollte ich meiner Mama zu Weihnachten doch eine Freude machen.«

Das Collier fanden die Polizisten, die ich gerufen hatte, dann im Audi. Es stellte sich später heraus, dass der Mann von dem Diebstahl seines Sohnes erst im Auto erfahren hat, und ihn schützen wollte.

Das war mein Fall! Tschüss, bis zum nächsten Mal!

Der traurige König
von Johanna Brandt (12 Jahre)

Jeder kennt die Geschichte vom Baumeister des Domes und dem Teufel. Und jeder weiß, dass der Kölner Dom nach dieser Sage niemals fertig gebaut wurde. Doch viele Teile des Doms existieren auf keinem Bauplan.

Ohne dass jemand davon wusste, lebte ein kleines Domvolk in Köln. Es wurde nie eingeplant, berechnet oder mit Zirkel und Lineal aufgezeichnet. Es entstand einfach mit den Wänden, den Türmen, den Türen und Fenstern des Domes. Das kleine Volk lebte in den kleinsten Ecken und dunkelsten Winkeln. Manche hatten ihre Verstecke unter den Bodenkacheln und hörten Tag für Tag, was sich die Pilger und Reisenden erzählten, andere lebten weit oben auf den Türmen und unterhielten sich mit den Tauben.

Die Dömler, so nannte sich das Volk, waren kleine, feenartige Geschöpfe. Doch mit den Feen wurden sie ganz und gar nicht gerne verglichen, geschweige denn verwechselt. Sie sagten immer: »Feen fühlen sich nur toll und flattern sinnlos hin und her.« Die Dömler hatten kleine, dünne, zerbrechliche Körperchen und sahen aus, als ob sie aus feinem Transparentpapier bestehen würden. Kein Mensch hat sie jemals zu Gesicht bekommen.

Ihr König, Luzerus, war ein netter, gerechter, schlauer und gutherziger Mann. Der beste König aller Zeiten, fanden die Dömler. Doch eines störte das friedliche, schöne Leben des zufriedenen Volkes: Der König war traurig. Dem jungen Dömler Albas ging es besonders zu Herzen, dass Luzerus sich nicht wohl fühlte. Albas war ein starker, schöner Kunstschmied und hatte all das Prunkvolle, das den König umgab, mit eigenen Händen angefertigt. Doch er wusste nicht, dass Gold und Edelsteine allein nicht glücklich machen, und dachte, er müsse noch mehr Schmuck, Gold und Verzierungen für den Palast des Königs schmieden, um ihn zu erfreuen. Sophai war da schon anders. Auch sie fand es sehr traurig, dass der König traurig war, doch sie hatte erkannt, dass man zum Glücklichsein kein Geld, kein Gold, keinen Schmuck und keinen Palast braucht.

Sie sagte: »Wenn du glücklich sein willst, dann musst du dich wohl fühlen.«

Immer wieder dachte sie darüber nach, Luzerus zu helfen. Aber wie?

Eines Tages hörte Sophai von dem jungen Schmied, der dem König ebenfalls helfen und etwas gegen dessen Traurigkeit unternehmen wollte. Schnell ging sie zu ihm und erzählte: »Ich habe gehört, dass du etwas gegen die Traurigkeit von Luzerus (der König wollte unter keinen Umständen mit ›Seine Majestät‹ angesprochen werden) unternehmen willst. Ich habe das auch vor und würde dir gerne helfen. Was hast du vor?«

»Ich werde ihm einen noch schöneren Palast bauen«, sagte Albas stolz, »ihn reich mit Ketten behängen und ihm ein goldenes Bett schmieden.«

Da runzelte Sophai die Stirn und fragte: »Meinst du wirklich, dass das die richtige Lösung wäre? Gold und Silber macht meiner Meinung nach nur Verrückte und Gierige froh. Willst du etwa behaupten, unser König sei gierig oder verrückt?«

Beschämt schüttelte der Schmied den Kopf.

»Ich denke, dass gerade das ganze Gold und der Schmuck ihn traurig machen«, fuhr Sophai fort, drehte sich dann um und verließ die Schmiede mit einem leise gemurmelten »Ich habe da schon eine Idee!«.

Albas sah sie in Richtung Palast davongehen.

Am goldenen Tor stieß sie auf zwei Wachen. Der König hielt nicht viel von Dienern und Wachen. Stumpfuss, sein engster Berater, dagegen schon. Stumpfuss empfing Sophai im Garten.

»Entschuldigen Sie, kann ich den König persönlich sprechen?«, bat Sophia den vornehmen Berater.

»Ich werde sehen, was sich machen lässt. Wen darf ich anmelden?«, fragte Stumpfuss.

»Ich heiße Sophai.«

»Angenehm!«, entgegnete der Berater, zog seinen Zylinder und eilte davon. Nach einer halben Stunde endlosen Wartens kam er zurück.

»Der König freut sich, Sie zu empfangen, Sophai.« Dann senkte er die Stimme und flüsterte: »Der König hat ein wenig rote Augen. Er hat ein bisschen geweint. Fragen Sie ihn besser nicht danach.«

Im Palast saß der König auf einem einfachen Holzstuhl weit ab von seinem prunkvollen Thron.

Als Sophai den Raum betrat, lächelte er ihr zu. Sophai lächelte zurück.

»Sei gegrüßt, Sophai. Was führt dich zu mir?«

»Danke, dass Sie sich Zeit für mich genommen haben. Ich komme zu Ihnen, da Sie mit der Zeit immer trauriger geworden sind. Ich will Ihnen nicht in Ihr Leben reinreden, aber Sie sind ja unser König. Sie waren so froh, als Sie damals gewählt wurden. Doch schon nach den ersten prunkvollen Geschenken wurden Sie traurig. Und die goldene Einrichtung Ihres Palastes hat Ihre Traurigkeit noch größer gemacht.«

Der König nickte traurig und sagte leise: »Ich weiß!«

»Ich schlage Ihnen vor, so zu leben, dass Sie sich wohl fühlen. Verzichten Sie auf den Reichtum. Sie halten bestimmt nicht viel von Gold und Geld.«

Luzerus blickte Sophai dankbar an und sagte: »Sophai, darauf bin ich noch gar nicht gekommen. Ich habe immer gewusst, dass mich etwas bedrückt, aber ich konnte nicht herausfinden, was es ist. Ich danke dir!«

Noch am selben Tag kam ein großer Trupp von Handwerkern, die den Palast des Königs abrissen und das viele Gold und die prunkvollen Edelsteine heimlich den Menschenhandwerkern, die gerade den Schrein der Heiligen Drei Könige bauten, brachten.

Luzerus zog in eine kleine, schlichte Wohnung in der Nähe von Sophais Ecke. Stumpfuss wurde entlassen und Sophai wurde die neue Beraterin des Königs. Luzerus erkannte bald, dass man zum Glücklichsein keinen Reichtum brauchte. Es genügte ihm, sein Volk im Licht der Sonne zu betrachten, das durch die hohen Domfenster schien.

Albas, der Kunstschmied, musste sich einen neuen Beruf suchen, denn keiner wollte mehr etwas aus Gold oder Silber besitzen, sondern glücklich wie sein König sein. Und Luzerus wurde der glücklichste König des Domvolkes.

Die Rettung
von Annika Wright (10 Jahre)

Ferien! Es ist Montagmorgen, die Sonne lacht am Himmel, Lisa und ihre Mutter können endlich mal wieder ausschlafen. Kleo, der Hund, ist wie immer als Erste auf und wartet ungeduldig darauf, spazieren zu gehen. Sie weckt Lisa mit einem langen Schleck durch das Gesicht. »Mensch, Kleo, lass mich noch schlafen, ich bin noch so müde!«, schimpft Lisa. Sie dreht sich noch einmal um, springt aber plötzlich wie eine Rakete aus dem Bett. Heute ist Montag. Mama wollte doch heute mir ihr einen Ausflug machen. Doch dann kam alles anders.

Lisa ging in die Küche und kochte ihrer Mutter zur Feier des Tages einen Kaffee. Sie schlich auf leisen Sohlen mit Kleo zu ihrer Mutter ins Schlafzimmer, der Kaffeeduft stieg ihrer Mutter in die Nase, durch den angenehmen Duft wurde sie wach.

»He, Lisa, ist denn heute was Besonderes oder warum bekomme ich den Kaffee ans Bett?«, fragte die Mutter.

»Wir wollen doch heute den Kölner Dom besteigen«, erklärte Lisa.

»Lisa, das geht leider nicht, ich muss endlich die Steuererklärung fertig bekommen«, sagte die Mutter.

»Du hast es mir aber versprochen«, schrie Lisa ihre Mutter an.

»Sei nicht traurig, wir gehen morgen.«

»Immer verschiebst du alles auf morgen. Komm, Kleo, wir gehen!«

Lisa schnappte sich Kleos Hundeleine und ging.

Traurig lief sie durch die Südstadt ohne ein Ziel. Kleo

schaute sie tröstend an. »Ach, Kleo, was sollen wir tun?« Kleo bellte zweimal, lief über die Schönhauser Straße in Richtung Bonner Straße und blieb an der Bushaltestelle stehen.

»Super, Kleo, das hast du toll gemacht! Wir fahren alleine zum Dom.« Lisa schaute nach, mit welchem Bus sie zum Dom fahren konnten, der 132 fuhr direkt dorthin. Sie fuhren an endlosen Baustellen und Straßen vorbei, bis endlich vor ihnen der große Kölner Dom stand.

»Sollen wir es wirklich wagen, alleine bis zur Spitze zu gehen?«, fragte Lisa ihren kleinen Hund.

Weil sie wusste, dass Hunde im Dom verboten waren, kaufte Lisa im Domshop einen Rucksack. Kleo passte hervorragend in den Rucksack hinein.

»So, Kleo, du musst jetzt ganz leise sein, sonst werden wir noch erwischt und dann können wir uns den Ausflug abschminken«, flüsterte Lisa ihr zu. Ängstlich kaufte sie das Ticket und ging nach oben.

»Mensch, noch einmal gehe ich aber nicht 509 Stufen hoch! Morgen habe ich Muskelkater und du wirst auch immer schwerer«, gähnte sie.

Zu Hause machte sich die Mutter von Lisa schon große Sorgen. Sie hatte bei allen Freundinnen von Lisa angerufen, doch keine wusste, wo sie war.

Lisa blieb den ganzen Tag oben auf dem Dom, sie fand die Aussicht einfach wunderbar. Langsam wurde es dunkel, aber Lisa bemerkte nicht, dass alle Besucher schon gegangen waren. Sie hörte nicht, wie die großen Tore des Kölner Doms geschlossen wurden. Langsam bekam Lisa Hunger und nach Hause wollte sie auch, denn die Wut auf ihre Mutter war schon längst vorbei. Müde schlich sie die

Stufen wieder nach unten. Doch was war das?! Die Tür bewegte sich keinen Zentimeter. Lisa rüttelte und rüttelte an der Tür.

»Oh nein! Wir sind eingeschlossen!« Vor lauter Verzweiflung fing Lisa an zu weinen. »Wir sind verloren«, schniefte sie. »Komm, Kleo, wir setzen uns erst mal hin. Hier ist es ganz schön kalt!« Lisa schaute sich die große Tür an und entdeckte einen kleinen Spalt. Lisa packte in ihre Hosentasche, holte einen Zettel und einen Stift hervor und sagte: »Ich schreibe einen Brief und du bringst ihn nach Hause.«

»So, der Brief ist fertig. Kleo, du passt durch den Spalt, nimm den Zettel ins Maul und lauf zur Mama, lauf!«

Kleo sprang die Domplatte herunter und lief durch die Menschen, die sich die Schaufenster der Geschäfte auf der Hohe Straße anguckten. Kleo lief in Richtung Kaufhof, von dort weiter zum FWG und immer geradeaus die Severinstraße entlang, bis sie am Chlodwigplatz angekommen war. Von dort war es nicht mehr weit. Kleo bog in die Teutoburgerstraße ein, übersah alle Autos und lief einfach weiter.

Hoffentlich schafft es Kleo, mir wird nämlich eiskalt und Angst habe ich auch. Lauf, Kleo, lauf! weiter, so schnell du kannst! Ich glaube, das hört sie nicht, aber egal!

Kleo lief weiter und war nach wenigen Minuten am Ziel. Sie bellte so laut sie konnte.

»Kleo, bist du das?«, rief Lisas Mutter von oben. Sie schaute aus dem Fenster.

»Kleo, da bist du ja! Warte, ich komme nach unten.« Als die Mutter unten war, sah sie den Brief in Kleos Maul. »Zeig her, Kleo!«

Sie las den Brief: »Mama, ich bin im Kölner Dom eingesperrt. Hol die Polizei und komm schnell! Lisa.«

»Komm, Kleo, ab ins Auto.« Lisas Mutter fuhr los. Sie telefonierte unterwegs mit der Polizei. »Kommen Sie bitte schnell zum Dom, meine Tochter ist da eingeschlossen.«

Als sie am Dom ankamen, war die Polizei schon da.

»Hallo. Ich bin die Mutter von Lisa. Bitte befreien Sie meine Tochter.«

»Ich habe einen Schlüssel«, rief der Polizist. »Wir holen dich jetzt raus!« Er dreht den Schlüssel einmal herum und schon sprang die Türe auf.

»Mama«, sagte Lisa, »ich werde nie wieder weglaufen. Versprochen, Mama.«

»Ich gehe morgen mit dir auf den Kölner Dom, versprochen, Lisa.«

»Oh nein, Mama, davon habe ich erst mal genug.«

Der Alte und der Dieb
von Paula Ullmann (11 Jahre)

In Köln, da lebte vor langer Zeit
ein alter Mann, nicht ganz gescheit.
Er schloss die Haustür niemals zu
und hatte trotzdem seine Ruh.
Er töpfert, schneidert schöne Sachen,
die den Leuten Freude machen.
Doch am liebsten er sich Geschichten erzählt,
während er liebevoll Kartoffeln schält.

Doch eines Abends, so etwa um acht,
hört man, wie sich jemand an der Tür zu schaffen macht.
Und »pling«, da ist die Tür schon offen,
wir woll'n für unseren Alten hoffen.
Der Alte, voller Angst und Schrecken,
versteckt sich hinter alten Säcken.
Von dort aus eilt er schnell zur Hinterpforte,
in der Hand drei Kartoffeln der guten Sorte.

Er flüchtet vorsichtig ins Freie,
aus der Küche hört man Schreie.
er holpert und stolpert zum Friesenplatz,
dort wohnt die Mary, sein Tochterschatz.
Doch plötzlich erinnert sich der Mann,
dass Mary nicht zu Hause sein kann.
Sie ist in Spanien mit Mann und Sohn
bei ihrer Schwester Marion.

»Mist«, rief der nette Alte,
dass es von den Wänden hallte.
Er aß die Kartoffeln, alle drei,
und ging dann schnurstracks zur Polizei.
»In meinem Haus, da ist ein Dieb,
ach bitte, sind Sie doch so lieb
und gehen Sie mit mir dorthin,
weil ich allein zu ängstlich bin.«
Die Polizei sagte: »Na klar«,
und fuhr zum Haus »Lalülala«.

Die Polizei schnappte den Dieb, den bösen,
nun kann der nette Alte wieder dösen.

Zeitreise
von Luisa Rogalski (11 Jahre)

Köln, Samstag, 5.11.2005, 10 Uhr morgens. Normalerweise weckt mich meine Mutter immer mit einem: »Schönen Samstagmorgen, mein Junge.« Doch heute ist niemand da, der mir einen guten Morgen wünschen kann – außer einer, und die hat bei mir Zimmerverbot: Lucie, meine kleine Schwester. Sie ist gerade auf die weiterführende Schule gekommen, in das Goethe-Gymnasium. Sie wurde ein Jahr früher dort eingeschult und ist, das muss man ihr lassen, mit ihrem Jahrgang super mitgekommen. Doch jetzt führt sie sich auf, als wäre sie Albert Einstein höchstpersönlich. Mit anderen Worten: Sie benimmt sich wie ein Kind, das gerade erfahren hat, dass es etwas Besseres gibt als Puppen.

Na ja, auf jeden Fall sind unsere Eltern übers Wochenende verreist und wollen, dass ich auf Lucie aufpasse. Aber stattdessen würde ich lieber auf eine Horde Gorillas aufpassen. Die wären wahrscheinlich eine Kleinigkeit gegen Lucies Wutanfälle. Jetzt sitzt sie übrigens an meinem Bett und spielt, oh nein, mit meinem Fußball.

»Hey, Lucie, hör auf damit, sonst machst du noch was kaputt. Außerdem hast du Zimmerverbot!«

Doch auch meine Schwester hat Antworten parat: »Wenn du mal wenigstens um neun Uhr aufstehen würdest, wie normale Menschen am Wochenende, dann müsste ich nicht jedes Mal in dein Zimmer kommen, um dich zum Frühstück zu holen.«

»Moment mal! Du hast Frühstück gemacht?«

Vielleicht habe ich mich die ganze Zeit in ihr geirrt. Andererseits ist sie eigentlich nur nett, wenn sie etwas will. Aber ob nett oder nicht nett, so eine Gelegenheit darf man nicht verpassen. Also gehe ich runter.

Aber was ist das? Mitten auf dem Tisch thront eine merkwürdige Maschine, die voller blinkender Lampen ist. An einer silbrig glänzenden Stange hängt ein Seidenvorhang, durch den man die Schatten eines Tellers und einer Tasse sieht. In diesem Moment erscheint Lucie auf der Treppe. Da kommt alles auf einmal aus ihr herausgesprudelt:

»Professor Andron kam um sieben Uhr hierher und redete irgendetwas von einer Zeitmaschine und dass ich auf das Teil hier aufpassen soll. Aber ich will es zu gerne mal ausprobieren. Deshalb werde ich jetzt versuchen, das Frühstück in eine andere Zeit zu senden.«

Mir ist zwar nicht klar, wer Professor Andron ist, aber eines weiß ich: Mein Frühstück wird nicht auf die Reise geschickt! Wenn es einer wegschickt, dann bin ich das. Und ich werde es höchstens auf den Tisch befördern.

»Nein, Lucie! Wenn dieser Professor sagt, dass du darauf aufpassen sollst, dann heißt das nicht, dass du alles ausprobieren sollst.«

Das sind genug Worte für mich. Ich schiebe den Vorhang zur Seite und will mein Frühstück herausholen. Aber Lucie schubst mich mit einem Ruck ganz hinein. Dazu sagt sie: »Oh ja, ganz toll, Mister Trottel kann sich nicht einmal mehr auf den Füßen halten. Muss ich dich jetzt auch noch aus dem Teil herausholen?«

Nicht doof genug, dass sie glaubt, ich wäre nicht stark genug, um auf meinen eigenen Beinen zu stehen. Nein, jetzt ist sie wirklich halb zu mir hereingeklettert, um mich herauszuholen. Wahrscheinlich hat sie dabei etwas angestoßen, denn jetzt beginnt alles um uns merkwürdig zu rumpeln.

»Hilfe! Wir wollen hier raus!«, fangen nun Lucie und ich gemeinsam an zu schreien, denn es wird plötzlich sehr warm. Endlich öffnet sich der Vorhang und wir stolpern beide auf einmal hinaus. Heiße Milch läuft mir über die Hose, doch ich habe nur noch Augen für das, was vor mir geschieht.

Ich knie direkt vor dem Kölner Dom. Der sieht eigentlich ganz normal aus, doch links und rechts die Häuser sind nicht die, die ich kenne. Auch die Autos sind nicht so ganz neu. Dort drüben erkenne ich einen alten blauen VW-Käfer. Wo sind meine Lieblingsautos geblieben? Gibt es denn hier keinen Porsche?

»Lucie, was hast du getan! Worauf hast du gedrückt?«

Lucie sieht ganz kleinlaut aus. »Also, da war so ein roter Knopf und ich glaube, ich bin drangekommen. Da stand auch noch eine Zahl. Ich glaube es war 1953.«

Sind wir etwa in das Jahr 1953 gelangt? Wahrscheinlich war dann der rote Knopf der Start für die Zeitmaschine. Ich drehe mich um, doch da steht keine Zeitmaschine. Nur ein Tablett mit meinem Frühstück. Aber fehlt da nicht ein Brötchen? Warum ist es nicht mitgekommen? Ist es vielleicht einfach nur herausgefallen? Oder ist es hier weggekommen?

Da hinten läuft doch ein Junge mit meinem Brötchen! Ich drücke Lucie die anderen Sachen in die Hand und laufe dem Jungen nach, der soeben mein frisches Brötchen geklaut hat. Er läuft in eine Sackgasse und bleibt an ihrem Ende stehen. Dort dreht er sich um und wartet und erst jetzt sehe ich, wie er aussieht. Wie zerfetzt seine Kleidung ist, habe ich schon vorher bemerkt. Aber jetzt – einen so schmutzigen und traurigen Jungen habe ich noch nie gesehen. Ich bekomme Mitleid und als Lucie mit dem Tablett kommt, nehme ich es ihr ab und gebe es dem Jungen, der anscheinend nicht reden kann. Aber er lächelt und macht sich mit einigen anderen Jungs, die genauso aussehen wie er, darüber her.

Wir sind also im Jahr 1953 gelandet. So weit, so gut, aber wie kommen wir hier wieder weg? Ich will ganz bestimmt nicht für den Rest meines Lebens in dieser Zeit bleiben. Die Jungen in der Gasse sind so arm, dass sie froh sind, wenn sie ein Brötchen bekommen. Andere Leute wiederum, die hier herumlaufen, sind so voll bepackt mit Einkäufen wie Obst, Brot und anderen Dingen, dass man meinen könnte, sie wollten einen Marktstand damit eröffnen. Außerdem gibt es hier richtig viele VW-Käfer, die voll beladen sind mit allen möglichen Dingen. In der Schule haben wir gelernt, dass es die Zeit nach dem Krieg ist und dass viele Leute endlich ihre Häuser wieder aufgebaut haben. Den meisten geht es nun besser. Meine Oma hat mal erzählt, dass es die Zeit ist, in der es die erste Tiefkühlkost zu kaufen gibt. Wenn ich mich recht erinnere, heißt das Ganze »Wirtschaftswunder«. Mehr weiß ich nicht, mehr will ich im Moment auch gar nicht wissen.

»Am besten ist es wohl, wenn wir uns auf die Suche nach der Zeitmaschine machen. Aber bitte unauffällig«, flüstere ich Lucie zu, doch es ist schon zu spät. Wegen unserer Kleidung sind wir schon mindestens einem Dutzend Leuten aufgefallen. Einigen verschlägt es einfach die Sprache. Andere heben Steine auf, die sie in unsere Richtung werfen.

»Ich muss schon sagen, einige hier scheinen ziemlich fremdenfeindlich zu sein«, meint Lucie. Ich dagegen habe ganz andere Gedanken im Kopf.

»Ich habe so das Gefühl, als sollten wir hier eher schnell verschwinden, anstatt Romane zu quatschen.«

Ich fange an zu laufen, doch damit bin ich leider nicht der Einzige. Lucie schreit und rennt hinter mir her. Als ich mich irgendwann keuchend umdrehe – ich habe das Gefühl, als wäre ich schon zehn Kilometer gelaufen –, ist wahrscheinlich halb Köln hinter uns her. Da taucht plötzlich der Junge, der unser Frühstück genossen hat, vor uns auf. Er macht eine Geste, dass wir ihm folgen sollen, und biegt mit uns in eine andere Straße ab. Dort steht das, was wir gesucht haben: die Zeitmaschine. Ich renne drauflos und springe hinein. Neben mir landet Lucie. Ich stelle die Maschine auf 2005 ein, verabschiede mich von dem Jungen und mache den Vorhang zu.

Ein kleines Rumpeln und dann ist alles still. Ich sitze zu Hause am Tisch. Der Kalender zeigt den 5.11.2005. Keine Maschine weit und breit. Dafür ein erschöpftes Elternpaar in der Tür.

»Ihr glaubt nicht, was heute passiert ist«, meint Mutter.

»Warum nicht?«, fragen Lucie und ich wie aus einem Mund. »In Köln ist alles möglich!«

Der Schwimmbadvorfall
von Saskia Taaks (11 Jahre)

Am Samstag kam mir am späten Vormittag in den Sinn, in unserem Wahner Schwimmbad schwimmen zu gehen. Da ist nämlich Warmbadetag und die Wassertemperatur ist ideal. Außerdem springe ich so gerne vom Dreier.

Schnell schwang ich mich auf mein Fahrrad und radelte die Nachtigallenstraße entlang. Da sah ich schon das Vereinsheim Neptun, schloss mein Rad ab, zog mich schnell um und ging ins Wasser. Zuerst kraulte ich ein paar Runden zum Aufwärmen. Danach nahm ich mir vor, meinen persönlichen Tauchrekord zu brechen. Ich holte Luft und tauchte unter. Plötzlich entdeckte ich, dass unter mir jemand wie ein Besessener den Boden absuchte. Das brachte mich aus dem Konzept. Ich war wirklich sauer! Als ich direkt vor der Person auftauchte, wollte ich ihr eigentlich erklären, dass ich gerade beinah meinen Rekord gebrochen hätte, ließ es aber dann. Lieber fragte ich: »Was suchen Sie denn da unten wie verrückt?« Die Frau sah mich panisch an.

»Ich heiße Rosi Neller und suche mein Band, an dem der Schlüssel von meiner Schranktür befestigt ist. Von dem Schrank, in dem meine Klamotten sind. Ich meine von meinen Spind!«

Irgendwie verstand ich ihre Aufregung nicht so recht.

»Kein Problem«, beruhigte ich sie, »ich helfe Ihnen beim Suchen.«

Wir tauchten den Boden ab und einige Leute halfen mit. Umsonst! Nichts zu finden! Bei dem Bademeister holte ich schließlich einen Ersatzschlüssel. Ich folgte Frau

Neller in die Umkleide, weil ich mich noch von ihr verabschieden wollte.

Ich war ganz in Gedanken, als ich einen grellen Schrei hörte. Vor mir stand eine nicht mehr wiederzuerkennende, leichenblasse Frau Neller. Sie starrte wie hypnotisiert auf … ihren OFFENEN SPIND!

Wer hatte ihn geöffnet? Und warum?

Leise machte sich Frau Neller bemerkbar: »Wer war das? Ich hoffe, derjenige hat nichts geklaut!«

Ich wartete gespannt auf die Antwort. Insgeheim hoffte ich, dass etwas fehlte. Ja, ja, ich weiß, so was soll man sich nicht wünschen, aber ich habe nun mal eine gute Spürnase.

»Meine Kette fehlt! Oh Gott! Meine wertvolle Kette aus Gold! Von meinem Mann, er hatte sie mir geschenkt«, verzweifelte Frau Neller.

Ich meinte zu der zerstreuten Person: »Jetzt werden wir erst einmal zusammen gucken, ob der Dieb irgendwelche Spuren hinterlassen hat.«

Ich tastete die Bank vor dem Spind ab, sah unter die Bank, nicht die kleinste Spur!

»Ich fürchte, dass ich jetzt nach Hause muss«, sagte ich dann zu Frau Neller. »Es ist schon 13 Uhr, ich muss los! Falls ich was Neues erfahre oder mir was einfällt, kann ich Sie ja anrufen. Wie lautet denn Ihre Nummer?«

»Danke, dass du dich so in die Sache reinwirfst! Ich gebe dir gerne meine Nummer, also: 698875. Ich werde mich an die Polizei wenden, aber eher vertraue ich dir. Diese armen Polizisten haben eh zu viel am Hut und ich hätte meine Kette gerne schnell wieder, sonst werde ich noch verzweifeln.«

Sie klang jetzt schon etwas ruhiger. Nach diesem Gespräch sprang ich erneut auf mein Fahrrad und benötigte für den Nachhauseweg vorbei an meiner Schule, dem Maximilian-Kolbe-Gymnasium, exakt 30 Sekunden. Als ich zu Hause die Tür aufschloss, kam mir meine Mutter entgegen.

Sie rief begeistert: »Saskia, du bist ja mal pünktlich aus dem Schwimmbad wieder da! Es war bestimmt schön warm, oder? Komm, das Essen steht schon auf dem Tisch.« Ich beeilte mich, mir die Schuhe auszuziehen, weil ich einen Bärenhunger hatte. Bevor ich aber in die Küche schlüpfte, rannte ich in mein Zimmer und holte meinen Block mit Stift, um die Vorkommnisse des Vormittags festzuhalten. Als ich zum Thema »Aussehen des Gegenstandes« kam, stutzte ich: Hatte Frau Neller mir ihre Kette beschrieben? Ich entschied mich, sie anzurufen. Meiner Mutter wollte ich nichts erzählen, also sollte sie auch nichts von dem Gespräch mitkriegen. Ich schlich in den Flur, um zu telefonieren. Bloß leise sein! Auf Zehenspitzen machte ich mich am Hörer zu schaffen. Endlich war die Nummer eingegeben.

Tuut, tuut kam es aus dem Hörer. Nach einigen Sekunden nahm jemand ab. Die Stimme meldete sich: »Ja, hallo, hier ist Neller. Mit wem spreche ich?«

»Hier ist Ihr Detektiv Saskia Taaks aus dem Schwimmbad«, fing ich an, »bitte beschreiben Sie mir doch Ihre Kette, Frau Neller. Ich brauche die Beschreibung für mein Detektivbuch. Vielleicht finde ich ja etwas heraus.«

Am anderen Ende kicherte es. Ein bisschen ärgerlich dachte ich, dass die Person Glück hatte, dass ich ihr überhaupt half! Schließlich wurde es am anderen Ende der

Leitung ruhiger. Mit trauriger Stimme lobte Frau Neller: »Ich wusste nicht, dass Kinder schon so einen ausgeprägten Spürsinn haben. Danke, dass du mich zum Lachen gebracht hast. Ach, übrigens, ich habe einen Abstecher zur Polizei gemacht und ihnen die Sache geschildert. Die wollen zum Schwimmbad gehen und dort noch mal nachsehen. Ach so, meine Kette hat innen am Verschluss eine Inschrift, die man nur mit der Lupe lesen kann. Sie lautet: Für Rosi.«

»Danke«, sagte ich mit gedämpftem Ton, schließlich wollte ich nicht von Mami gehört werden, »und ich werde dranbleiben, darauf können Sie sich verlassen. Auf Wiederhören.« Ich legte auf und ging essen.

Später machte ich mich frisch gestärkt auf den Weg in die Stadt. Ich sagte Mama, dass ich mir den neuen Kinofilm ansehen möchte. Mal darf man doch lügen?! Ich konnte ihr ja schlecht sagen, dass ich ihr beim Juwelier ein Geschenk zu ihrem 36. Geburtstag kaufen wollte. Außerdem wollte ich mir beim Stadtbummel überlegen, wer Frau Nellers Kette gestohlen haben konnte.

Gemütlich ging ich die Straße hinunter und stieg in den Bus, der mich vorbei am Eltzhof – ein schöner Veranstaltungsort mit Biergarten für Konzerte von kölschen Bands und demnächst für »Kölsche Weihnacht« – zum Bahnhof fuhr. Dort angekommen stieg ich in die S-Bahn um und fuhr bald schon kurz durch den Kölner Flughafen, durch Deutz und gelangte über die Hohenzollernbrücke auf die andere Rheinseite. Am Kölner Hauptbahnhof verließ ich den Zug und schlenderte die Domplatte entlang. Am Himmel bildeten sich schwarze Gewitterwolken. Als es dann eine Viertelstunde später zu regnen begann, verschwand ich in einem Juweliergeschäft, das mir interessant schien.

Ich stöberte etwas herum. Manche Dinge waren sehr schön, aber viel zu teuer. Ich seufzte. Erst neulich hatte ich 20 Euro für das Buch »Die berühmtesten Detektive und ihr Zubehör« ausgegeben. Deswegen hatte ich hatte nur noch 35 Euro zur Verfügung. Da entdeckte ich eine Kette, die nur 34 Euro kostete. Sofort sah ich sie mir näher an. Ich hob sie vorsichtig am Verschluss hoch.

»Betrachte eine Kette immer genau«, dröhnte es aus meinem Innenohr. Das hatte mir meine Mutter gesagt, als wir vor einiger Zeit zusammen in der Stadt waren, »damit du kleine Macken nicht übersiehst.«

Genau das tat ich. Da! Träumte ich? Ich zwickte mich und der Schmerz breitete sich aus. Nein, was ich sah, war echt. Nochmals fühlte ich über die Stelle am Verschluss und sagte mir: Bleib ruhig!

Meine Taschenlupe habe ich immer dabei. Ich holte sie heraus und schaute mich um. Niemand stand am Tresen. Schnell fuhr ich mit der Lupe über die geheimnisvolle Stelle. Da stand: Für Rosi! War es der Juwelier, der die Kette gestohlen hatte? Ich versuchte einen klaren Gedanken zu fassen. DIE POLIZEI, natürlich. Schnell lief ich raus, nahm mein Handy und wählte 110. »Polizeiwache 4711!«, meldete sich jemand. Ich sagte: »Kommen Sie schnell zum Juwelier Köhler neben dem Dom. Der Besitzer hat eine Kette geklaut!«

Etwas später kam die Polizei und Frau Neller wurde benachrichtigt. Wir beide erzählten, was sich im Schwimmbad ereignet hatte. Auf die Frage des Polizisten: »Können Sie das beweisen, werte Dame?«, zückte Frau

Neller ihren Personalausweis und zeigte dem Beamten ihren Namen. Der verglich ihn mit dem auf der Kette und nickte. Herr Köhler und sein Schmuck wurden überprüft und es stellte sich heraus, dass er schon mehr gestohlen hatte. Er stritt zwar alles ab, aber die Beweise waren erdrückend. Herr Köhler musste mit auf die Wache und ich wurde von einem Polizisten nach Hause gefahren! Ich bekam ein großes Lob und kam sogar in die Zeitung. Frau Neller kaufte mir zum Dank eine Kette für meine Mutter und ich bekam einen Detektivkoffer!

Zu Hause trank ich mit meiner Mami einen Kakao und erzählte ihr von meinem Erlebnis. Am Abend ging ich zufrieden ins Bett. Halb im Schlaf schrieb ich noch mein Tagewerk auf. Die letzte Zeile lautete: Ich bin stolz auf mich! Dann schlief ich ein.

Der Drache
von Ron Quirin Oosterhagen (10 Jahre)

Mir ist vor kurzer Zeit etwas Komisches passiert. Ich bin einem noch nie gesehenen Lebewesen begegnet. Übrigens, ich lebe in Köln und heiße Karl.

Damals ging ich in den Wald. Ich kam vom Weg ab. Ich folgte einer Spur. Auf einmal sah ich auf dem Boden eine Tatze. Ich hob meinen Kopf in die Höhe. Über mir stand ein Drache. Sofort ging ich ein paar Schritte zurück. Der Drache riss mich in die Höhe. Ich hatte große Angst. Da landete ich schon auf seinem Rücken. Er flog los.

Natürlich hatte ich meinen Rucksack mit dem schlauen Buch dabei. Ich guckte in dem Buch nach, was sie über Drachen schreiben. Nichts!

Da fragte ich den Drachen ängstlich, wo wir hinfliegen. Er verstand mich und sagte: »Ins Mittelalter.«

Mir graute. Bisher hatte ich nämlich wenig Gutes über das Mittelalter gehört. Ich überlegte, welche guten Dinge ich über diese Zeit wusste. Aber in diesem Moment waren wir schon da. Mitten in einem Ritterturnier.

Ich fragte den Drachen: »Wo sind wir?«

Er sagte: »In Köln am Rhein.«

Dann flog auch schon der erste Ritter vom Pferd. Ich erschreckte mich total. Da sah ich ein Schild. Auf dem Schild stand: »Am Turnierplatz.«

Wir gingen weiter. Da standen ein paar Gaukler. Wir guckten eine Weile zu. Da hörten wir Lärm.

Der Drache sagte: »Krieg.«

Da sahen wir Leute, die in ein Haus liefen und mit Waffen wieder herauskamen.

Der Drache sagte: »Das ist das Waffenlager der Stadt.«

Er nahm mich auf seinen Rücken und wir kreisten über der Schlacht. Er machte einen kleinen Sturzflug und schoss dann wieder in die Höhe.

Kurze Zeit später landeten wir und gingen durch die Stadt. Da kamen wir zum Dom.

Ich fragte: »Wieso ist der Dom noch nicht fertig?«

Der Drache sagte: »Kein Geld. Sie bauen nun schon 300 Jahre am Chor vom hohen Dom zu Köln.«

Wir gingen weiter. Dieses Mal gingen wir durch ein Armenviertel. Die Straßen waren dreckig, überall war Müll. Die Schweine irrten umher. Die Losung lag an jeder

Stelle. Die Hühner koteten überallhin. Man musste aufpassen, dass man in keinen Haufen trat. Ein reicher Mann wurde in einer Sänfte durch die Straße getragen. Wagen ratterten durch die Straßen. Da kam uns ein Mann entgegen.

Er sagte: »Ihr müsst mitkämpfen.«
»Wo soll ich denn jetzt eine lange Lanze herkriegen?«
»Aus dem Waffenlager mit dem Namen Zeughaus«, antwortete er.

Ich holte mir eine Rüstung und eine Lanze. Wir flogen zum Schlachtfeld bei Müngersdorf.

Der Drache landete vor einem Ritter. Sofort kamen mehr Krieger. Der Drache und ich hatten alle Hände voll zu tun. Der Drache spuckte Feuer und ich stieß mit der Lanze in feindliche Körper. Ach, ich vergaß, es kämpfte Köln gegen Düsseldorf. Am Ende verlor Düsseldorf.

Auf dem Rückweg kamen wir am Friedhof Melaten vorbei, wo wir Aussätzige sahen und einer Beerdigung zugucken durften. Durch das Hahnentor gingen wir in die Stadt. Dann lieferte ich meine Waffen wieder im Zeughaus ab und wir setzten unseren Rundgang durch das Hochmittelalter fort. Wir kamen noch an einer Villa vorbei und sahen den Mann aus der Sänfte in seine gut bewachte Villa spazieren.

Dann nahm der Drache mich auf seinen Rücken und flog los. Als wir wieder in der normalen Zeit angekommen waren, schoss ich noch ein paar Fotos von ihm. Dann ging ich nach Hause.

Nach dem Besuch im Mittelalter habe ich einen besseren Eindruck von dieser Zeit. Noch dazu bin ich ganz schön berühmt geworden. Ich bin sehr froh!

Gib Acht, wenn die Geistermaske erwacht
von Ramón Rabii (10 Jahre)

Hi, ich heiße Mäx. Meinen Nachnamen braucht ihr nicht zu wissen und auch nicht, wo ich wohne. Ich will euch erzählen, was ich in diesem Jahr erlebt habe. Also, es war im Juli 2004, ich lebte mit meiner Mutter in New York. Ich war gerade bei den Hausaufgaben, als meine Mutter in mein Zimmer stürzte. Sie hielt einen Zettel in der Hand und rief: »Hey, Mäx. Schau mal, was gerade mit der Post kam.« Ich grabschte mir den Zettel und las:

Sehr geehrte Frau Sabine Arixen!

Wir freuen uns, Ihnen mitteilen zu dürfen, dass Sie in der Universität »Attraktives Malen« aufgenommen sind. Wir teilen Ihnen auch noch mit, dass Sie spätestens am 1.10.04 da sein müssen. Die Universität befindet sich in Köln, in der Feldwegstr. 18.
Mit freundlichen Grüßen
Richart Gaukler

Ich stöhnte.
»Das heißt, wir ziehen wieder um?«
»Ja, ich dachte, es würde dich freuen, dass wir wieder nach Hause ziehen! Schon vergessen, du bist da geboren.«
Zwei Monate später flogen wir mit dem Flugzeug los.
Als wir im Köln-Bonner Flughafen ankamen, holten wir unsere Sachen und gingen zum Taxi, das bereits auf uns wartete. Wir fuhren los. Ich sah hinaus. Auf einmal packte mich eine eiskalte Hand von hinten. Ruckartig

drehte ich mich um. Zu meinem Glück war es nur meine Mutter, die mir ein Kornfeld zeigen wollte.

Am 1.10.04 war der erste Arbeitstag meiner Mutter und der erste Schultag von mir. Das war nicht wichtig, viel wichtiger war, was am 24.10.04 passierte. An diesem Tag wollte ich mir nämlich eine Halloweenmaske kaufen. Ich ging in einen komischen Laden, den ich hier an dieser Stelle noch nie gesehen hatte. Na ja, egal, ich ging hinein und ging schnurstracks auf die Abteilung für Masken zu. Zuerst warf ich einen Blick auf die linke Seite. Da waren Skelettmasken, das war aber nicht das, was ich suchte. Daher guckte ich auf die rechte Seite. Da hing sie. Die beste Maske, die man sich vorstellen kann. Es war eine grüne Maske mit vielen Warzen im Gesicht. Sie hatte rote, hervorquellende Augen und ein großes Maul mit spitzen Zähnen. Irgendwie hatte sie einen Bann auf mich gelegt. Ich musste sie einfach haben. Also riss ich mir sie vom Haken und ging zur Kasse. An der Kasse stand eine Verkäuferin, die noch komischer war als der Laden selbst. Sie war ein bisschen blass und hatte komische rote Augen. Aber darauf achtete ich nicht, mehr auf das Preisschild, das Ding kostete 20 Euro. Trotzdem kaufte ich sie.

Sieben Tage später, an Halloween, setzte ich sie auf, nahm eine Tüte und ging los. Zuerst lief ich zum Nachbarhaus und klingelte. Als ein kleines Mädchen öffnete, schrie es laut auf und knallte die Tür zu. Eine Minute später machte sie die Tür auf, warf mir Süßigkeiten zu und warf die Tür wieder zu. Ich sammelte die Süßigkeiten auf und tat sie in meinen Beutel.

Als so etwa eine halbe Stunde vorbei war, klebte die Maske an meinem Gesicht fest. Das war sehr seltsam, denn ich schwitzte gar nicht. Dann wollte ich sie abreißen, aber sie war zupffest. Ich wusste nicht, was ich tat, auf einmal lief ich umher und erschreckte jeden, den ich sah. Ob Mädchen oder Junge, alle liefen schreiend weg und ließen die Tüten liegen. Ich schnappte sie mir und fraß sie einfach auf. Irgendwie hatte ich das Gefühl, dass irgendetwas nicht stimmte. Plötzlich rief eine dunkle Stimme: »AHAHAHAHAHA, IHR SEID ALLE MEINE SKLAVEN, IHR WERDET MIR DIENEN.«

Diese Stimme kam nicht von mir, sondern aus der Maske. Jetzt riss ich Bäume aus und schleuderte sie über meinen Kopf und warf sie auf Menschen. Plötzlich, wie aus dem Nichts, kam diese Verkäuferin und schrie mir zu: »Halt!«

Ich ließ den Baum über mir sinken.

Sie rief: »KOMM HER, MEIN DIENER, VERSCHAFF MIR DIE WELTHERRSCHAFT.«

Ich gehorchte und … das Ende darfst du dir vorstellen.

Warum Köln heute Köln heißt
von Isis-Maria Niedecken (11 Jahre)

Es war einmal vor vielen Jahren eine Bauernsiedlung am Rhein. Sie hatte einen Bürgermeister, der Latein liebte. Er liebte alle lateinischen Namen, alles, was sich so anhörte wie Latein. Er war so reich, dass er und seine Bauernsiedlung alles haben konnten, was sie wollten. Alles außer einem Namen. Das bedrückte den Bürgermeister sehr, denn er war sehr stolz auf seine kleine Bauernsiedlung. Er schickte zehn Bauern los, immer zwei sollten in einen Kontinent reisen, um einen Namen zu finden. Sie sollten nicht ohne sieben verschiedene Namen zurückkommen.

Nach 14 Tagen kamen die ersten beiden Bauern aus Europa, zwei Tage später kamen die beiden Bauern aus Afrika. Kurz nach den Bauern aus Afrika kamen die zwei Bauern aus Asien. Aber schon 20 Tage nach der Abreise kamen dann die jeweils zwei Bauern aus Amerika und Australien zurück. Sie alle hatten sieben Namen aus jedem Kontinent mitgebracht, aus diesen 35 Namen erstellten sie dann eine Tabelle.

Europa:
Hannover, Barcelona, London, Bern, Helsinki, Paris, Moskau

Afrika:
Casablanca, Nairobi, Rabat, Pretoria, Alexandria, Bamako, Kairo

Asien:
Irkutsk, Alma-Ata, Peking, Wladiwostok, Kabul, Osaka, Ulan-Bator

Amerika:
Seattle, Caracas, Calgary, Quito, Dallas, Minneapolis, Lima

Australien:
Perth, Canberra, Adelaide, Sydney, Murray, Melbourne, Brisbane

Dem Bürgermeister gefiel aber kein einziger Name. Also suchte er selber nach einem Namen. Er fand aber keinen. Durch diese Aufregung vergaß er seine Liebe zu Latein.

Als er aber die Bürgermeisterin traf, fragte diese, ob sie endlich einen Namen gefunden hätten. Als der Bürgermeister verneinte, war sie sehr verwundert, dass er noch nicht in seinem großen Lateinwörterbuch nachgesehen hätte. Da holte der Bürgermeister sein großes Lateinwörterbuch und guckte unter »Dorf« nach, was Vicus hieß. Vicus gefiel ihm aber nicht, dann schlug er unter Bauernsiedlung nach, welches Colonia hieß. Colonia gefiel ihm gut, aber es hatte zwei oder drei Buchstaben zu viel. Er gab seinem 16jährigen Sohn einen Zettel, auf dem »Colonia« stand. Er sollte dafür eine Abkürzung finden.

Am Abend kam dieser zum Bürgermeister und fragte, ob er »Colon« schön fände. Aber der Bürgermeister verneinte. Der Bürgermeister fand, dass der Name so hart klang, denn er wollte etwas Weiches, das sozusagen auf der Zunge zergeht. Auf einmal hatte der Sohn des Bürgermeisters eine brillante Idee. Er arbeitete lange, schlief aber bald ein. Am nächsten Morgen zeigte er seinem Vater, dem Bürgermeister, ein Blatt Papier, auf dem stand:

»Coeln«

Er las laut vor: »Koeln«. Er sagte, dass man es auch »Köln« aussprechen könne. Da freute sich der Bürgermeister, denn ihm gefiel »Köln« sehr. Er summte die ganze Zeit »Köln, Köln, Köln« vor sich hin. Bei einer großen

Bürgerversammlung veröffentlichte er den neuen Namen der Bauernsiedlung »Köln«. Alle waren sehr glücklich über den Namen.

So heißt Köln auch heute noch »Köln«!

Die Jagd nach den Domräubern
von Daniel Scheeben (11 Jahre)

Prunkvoll und stolz stand die Prunkmonstranz in ihrer Glasvitrine im Dunkeln. Edelsteine und Perlen in allen Farben schmückten das aus reinem Gold geschaffene Kunstwerk. Eine prächtige Krone saß auf ihr. Die Edelsteine glitzerten, als die Monstranz von einer Taschenlampe angeleuchtet wurde.

Plötzlich wurde die Glasvitrine von einem Brecheisen eingeschlagen. Eine Hand, die in einem schwarzen Handschuh steckte, zog die Monstranz durch das Loch. Ein breites Grinsen breitete sich auf dem Gesicht des Mannes aus, bevor er sie in einen Sack zu den anderen Schätzen steckte. Dann kletterte er durch das Loch in der Decke, durch das er gekommen war, ins Freie.

»Haben Sie alles, Mr Brecher?«, fragte sein Kollege, der ihn in einer schwarzen Limousine erwartete.

»Alles, bis auf den letzten Bergkristall«, antwortete Mr Brecher. Wieder zog sich ein Grinsen über sein Gesicht. Dann stieg er ins Auto.

»Und jetzt kommt Werbung! Sat 1 zeigts allen! Bleiben Sie dran!«

Werbung für Knorrs leicht verdauliches Omaschnitzel flimmerte über den Bildschirm. »So, jetzt müsst ihr aber ins Bett. Bis zur nächsten Werbung haben wir gesagt«, sagte Felix' Mutter. Nach kurzem Protest gingen Felix und Max schlafen.

»Morgen gehen wir in die Schatzkammer vom Dom, mit der Klasse«, sagte Max, als sie schon auf den Matratzen lagen, die Felix' Mutter für Max' Übernachtung hingelegt hatte. »Hast du das denn schon vergessen? Da können wir uns doch die Monstranz so lange angucken, wie wir wollen!«

»Hast ja Recht, hab ich gar nicht dran gedacht«, murmelte Felix.

Mit diesen Worten schliefen sie ein.

Am nächsten Tag also machten sie den Klassenausflug in den Kölner Dom und in die Schatzkammer. Es gab viele tolle Sachen zu entdecken, aber am tollsten fanden Max und Felix die Monstranz, die sie am Abend zuvor im Fernseher gesehen hatten.

»Na, habt ihr gestern den Film ›Domraub‹ gesehen?«, fragte auf einmal eine Stimme hinter ihnen. Sie fuhren herum. Jacob grinste sie an.

»Leider nur ein Stück«, sagte Felix.

»So? Ich habe ihn ganz gesehen!«

»Ehrlich? Erzähl!«, riefen Max und Felix wie aus einem Mund.

Also erzählte Jacob und als er fertig war, hatten die drei ihre Klasse verloren. Schnell machten sie sich auf die Suche. Plötzlich gab es einen ohrenbetäubenden Knall und das Licht erlosch.

»Huch! Was ist denn passiert?«, schrie Felix panisch.

»Vielleicht schließt das Museum?«, erwiderte Max.

»Quatsch! Wieso hat es dann so laut geknallt?«, entgegnete Jacob.

»Es könnte natürlich auch ein Stromausfall sein«, versuchte Max ihn zu beruhigen, »wie im Fernsehen.«
Und wie zur Bestätigung ertönte auf einmal eine Stimme aus den Lautsprechern: »Bitte beruhigen Sie sich. Wir haben einen Stromausfall. Wir werden versuchen, den Schaden so schnell wie möglich zu beheben. Es sind Hilfskräfte mit Taschenlampen unterwegs nach unten.« Ein knackendes Geräusch aus den Lautsprechern beendete die Durchsage.

Gemurmel und Geraune erfüllte die Dunkelheit in der Schatzkammer, dann war ein Klirren zu hören. Einige Frauen kreischten auf, kleine Kinder weinten. Ein Lichtkegel fiel durch einen Türspalt, Sekunden später öffnete die Türe sich ganz. Die drei Jungen sahen eine dicke Gestalt mit einem Kasten vor dem Bauch und einer Taschenlampe.

»Endlich einer, der uns hier rausholt!«, stöhnte Jacob erleichtert.

»Wurde auch Zeit«, sagte Max.

Da bewegte sich auf einmal eine andere Gestalt auf den Domschweizer zu. Auch Felix ging zum Schweizer, auf halbem Weg sah er, wie die andere Gestalt dem Domschweizer etwas in die Hand drückte. Dann verschwand sie im Dunkel. Als Felix beim Domschweizer angekommen war, sprach er: »Entschuldigen Sie! Ich glaube, hier ist gerade etwas zerbrochen. Wir haben so ein Klirren gehört, als wäre eine Glasscheibe zerbrochen! Bestimmt hat jemand die Prunkmonstranz geklaut!«

Der Schweizer blinzelte ihn an. »Du guckst zu viel Fernsehen, junger Mann. Schlag dir diese dummen Gedanken aus dem Kopf. Vielleicht ist eine Glasflasche im Dunkeln hingefallen. Wäre eine Vitrine aufgebrochen worden, wäre der Alarm losgegangen. Aber jetzt verhaltet euch ruhig«, sagte er nervös, »ich muss meine Kollegen holen.«

Er verschwand blitzschnell hinter der Tür.

»Da kam sich aber einer ertappt vor«, sagte da auf einmal eine Stimme hinter Felix. Er fuhr herum und sah Max und Jacob aus dem Dunkel treten.

»Ja, komischer Typ!«, sagte Felix nachdenklich und kaute auf seiner Lippe. Da ging das Licht auch schon wieder an. Aus der Türe an der anderen Seite des Raums trat ein anderer Domschweizer.

»Bitte entschuldigen Sie den kurzen Stromausfall, wir hatten ein kleines technisches Problem.«

»Das hat uns Ihr Kollege gerade schon erklärt!«, rief Felix.

Der Schweizer stutzte. »Hier unten ist kein Kollege von mir, ich bin heute alleine …« »Da … da … da«, stotterte Felix plötzlich ganz aufgeregt und zeigte auf eine aufgebrochene Vitrine. Darin lag ein schwarzes Samtkissen mit dem Abdruck eines Kreuzes. Von dem Kreuz war nichts zu sehen. Auf der Tafel daneben stand: Brustkreuz. Geschenk von König Friedrich Wilhelm III., 1826.

Der Schweizer wurde kreidebleich. »Das Kreuz … es ist weg!«, stammelte er. Entsetztes Stöhnen kam von allen Seiten.

»Das hab ich ja die ganze Zeit versucht, Ihrem Kollegen zu erklären!«, sagte Felix.

Max und Jacob warfen sich einen einverständigen Blick zu, drehten sich um und rannten durch die Tür, durch die der erste Domschweizer verschwunden war. Hinter ihnen fiel die Türe krachend ins Schloss. In diesem Gang war das Licht noch nicht angegangen. Trotzdem konnten Jacob und Max den Weg gar nicht verfehlen, da es keine Abzweigungen oder Türen gab. Nur Treppen führten das Duo weiter nach oben, aus der Schatzkammer heraus.

»Woher wollen wir überhaupt wissen, dass er es war?«, fragte Jacob nach Luft ringend, als sie etwas langsamer wurden.

»Hast du Felix nicht richtig zugehört?«, entgegnete Max, der überhaupt nicht aus der Puste war. »Nein, nicht richtig«, gestand Jacob. »Wieso?«

»Na, weil jemand dem Kerl etwas zugesteckt hat!«

»Glaubst du etwa«, keuchte Jacob »das war dieses Kreuz?«

»Garantiert!«, erwiderte Max. In diesem Moment öffnete sich am Ende eines langen Ganges eine Tür. Tageslicht drang in die Dunkelheit, eine Gestalt verschwand durch die Tür. Als sie durch die Tür ins Freie kamen, fanden sie sich auf dem Roncalliplatz wieder. Hier war kein Domschweizer zusehen.

»Na toll! Wir haben ihn verloren!«, sagte Jacob enttäuscht.

»Glaub ich nicht«, grinste Max und deutete auf einen Mann mit einem roten Stoffbündel unter dem Arm. Der Domschweizer! Er stieg gerade in einen schwarzen BMW, der sich über den Roncalliplatz entfernte.

»Hey, was liegt denn da auf dem Boden?«, rief Jacob.

Eine silberne Brosche, besetzt mit grünen Edelsteinen, lag auf dem Boden. Jacob hob sie auf und rief:

»Das ist doch die Brosche von dem gestohlenen Kreuz!«, während sie zum Taxistand vor dem Domhotel rannten.

»Folgen Sie dem schwarzen BMW!«, schrie Max, als sie ins Taxi sprangen. Der Taxifahrer fuhr sofort los.

»Was ist denn passiert?«, fragte er.

»Wir verfolgen zwei Domschatzräuber!«, sagte Max und hielt aufgeregt die silberne Brosche hoch.

»Das hier haben sie gerade verloren!«

Die Augen des Taxifahrers weiteten sich.

»Das ist ja wie gestern Abend im Fernsehen!«

Dann trat er aufs Gas.

»Was machen wir denn jetzt?«, fragte Max.

»Als Erstes rufen wir die Polizei!«, sagte Jacob.

»Das kann ich auch über Funk machen«, unterbrach ihn der Taxifahrer.

»Sehr gut! Und ich rufe Yannick und Benny an. Thomas hat nämlich noch Schule.«

Der schwarze BMW bog gerade auf die Rheinuferstraße ab. Mit wenigen Worten erklärte Jacob seinen Freunden, was passiert war. Nach zehn Minuten bog der BMW in eine den Kindern völlig unbekannte Sackgasse.

»Wo sind wir hier?«, fragte Max.

»Das ist Heimersdorf und da vorne ist die Glaserei Blumenberg. Hier bin ich aufgewachsen«, sagte der Taxifahrer. Eine stillgelegte Glaserei mit einem schiefen Schild mit der Aufschrift ›Blumenberg‹ tauchte auf.

Der BMW verschwand gerade in der Garagentür des großen Gebäudes.

»Wir müssen sie aufhalten, bis die Polizei kommt!«, rief Max und schon folgten sie dem BMW. In der Halle war es duster, aber sie konnten gerade noch sehen, wie etwas Silbernes aufblitzte.

»Das Kreuz!«, murmelte Max. »Wir müssen Glasscherben vor die Einfahrt legen, damit sie nicht türmen können.«

Er deutete mit dem Kopf auf einen kleinen Container mit Glasresten.

»Den kriegen wir alleine nicht umgekippt«, sagte Jacob leise.

»Und wenn wir euch helfen?«, hörten sie plötzlich eine vertraute Stimme. Benny und Yannick hatten sie endlich gefunden.

»Ihr kommt wie gerufen!«, sagte Jacob. Mit vereinten Kräften stießen sie den Container um. Ein ohrenbetäubendes Klirren erfüllte die Halle, als die Scherben auf den Boden vor der Einfahrt rasselten.

»Scheiße! Da ist jemand!«, rief eine der Gestalten.

Die vier Freunde erschraken und versuchten sich in ihr Versteck zu retten. Jacob hatte es fast erreicht, als er einen eisernen Griff im Nacken spürte.

»Du bist uns also im Taxi gefolgt, blöder Pimpf! Du wirst unseren Plan nicht vereiteln! Aber ich hab schon ein geeignetes Versteck für dich.«

Da ertönte in der Ferne eine Sirene.

»Verdammt!«, rief der andere. »Die haben die Bullen geholt! Schnell weg hier! Verstau den Bengel im Kofferraum.« Noch bevor Jacob sich wehren konnte, wurde er in den Kofferraum geworfen, der Deckel knallte zu und das Auto setzte sich in Bewegung. Als der Wagen mit hoher Geschwindigkeit durch die Einfahrt fahren wollte, platzten auf den Glasscherben die Reifen des BMW. Das Auto geriet ins Schlingern und hielt an. Benny, Max und Yannick stürmten aus ihrem Versteck und öffneten den Kofferraum. Da fuhr auch schon der erste Polizeiwagen in die Einfahrt. Vier Polizisten sprangen aus dem Wagen, die Sirene heulte immer noch ohrenbetäubend.

Dann kam Benni auf Max zu, schüttelte ihn und sagte: »Mach doch endlich deinen Wecker aus! Sag bloß, du träumst noch! Steh auf! Heute ist doch Klassenausflug! Mach schon!« Schweißgebadet setzte Max sich auf und rieb sich die Augen.

»Ich hab was total Verrücktes und Abgedrehtes geträumt. Jemand hat das Kreuz geklaut. Aus der Schatzkammer. Und wir haben ihn verfolgt!«

»Haben wir ihn denn gekriegt?«, fragte Felix und zog sich seine Hose an.

»Wenn du mich nicht geweckt hättest, wüsste ich es!«

»Frühstück ist fertig!«, rief Felix' Mutter.

Ein Freund für Julius
von Selin Maelger (10 Jahre)

Julius ist neu in Köln. Seine Familie ist gerade von Berlin hierher gezogen. »Deine Großeltern wohnen hier und wir wollen ihnen etwas Gesellschaft leisten«, hat seine Mutter ihm erklärt, als er gefragt hat, warum sie nicht in Berlin geblieben sind. Aber Julius weiß es besser: Seine Mutter arbeitete damals als Taxifahrerin und sein Vater als Briefträger, und so hat ihr Geld nicht gereicht, um noch weiter in der Großstadt wohnen zu können.

Alles in allem besitzt Oma ein sehr schönes Haus mit einem großen Garten, einem Papagei, der ständig »Arschbombe!« schreit, einem Hund und einem riesigen Wohnzimmer. Sie lebt mit Opa zusammen. Eigentlich könnte das alles sehr schön sein. Und eigentlich ist Julius ja auch glücklich, wenn da nur nicht die Schule wäre. Schon immer ist Auf-eine-neue-Schule-Wechseln die Nummer eins auf seiner Liste der Top-Ten-Horroralbträume gewesen, ganz abgesehen von Fünfmeterbrett-Kopfspringen und Niederlagen bei Aufführungen seiner alten Theatergruppe.

Doch der Tag, an dem Julius zum ersten Mal die neue Schule betritt, rückt immer näher. Und das viel zu schnell. Dann, an einem sehr sonnigen Tag, ist es so weit. Julius packt seinen Ranzen und rennt, ohne vorher gefrühstückt zu haben, aus dem Haus. Er achtet nicht auf die Vögel, die zwitschernd umherfliegen, nicht auf die Mädchen, die ihm »Hallo!« zurufen, und nicht einmal auf die alte Dame, die ihn bittet, ihr mit dem Gepäck zu helfen. Keuchend kommt er am Schultor an. Ein sehr unfreundlich aussehender Mann schließt das Tor auf.

»Name?«, fragt er fordernd.

»Ju-li-u-s!«, stottert Julius.

»Klasse?«, schnauzt der Mann.

»3-a-a!«, antwortet Julius unsicher.

Mit einer Geste, die wahrscheinlich bedeuten sollte, dass er reindarf, öffnet der Hausmeister den einen Torflügel und Julius stürmt erleichtert auf den leeren Schulhof.

Der Unterricht ist interessant und spannend. Julius lernt viele neue Sachen, aber einen richtigen Freund hat er noch nicht gefunden. Später, auf dem Rückweg nach Hause, fällt ihm ein Papierschnipsel in die Hand. Er faltet ihn auf und liest: Dreh dich um! Julius dreht sich um und sieht einen Jungen mit blonden Haaren.

»Ich habe dich schon in der Schule bemerkt. Du bist irgendwie echt nett«, sagt der Junge.

»Danke«, stottert Julius verlegen.

»Ich heiße übrigens Felix und das ist Millie«, erklärt der Junge und deutet auf eine schneeweiße Perserkatze.

»Die ist ja süß!«, ruft Julius.

»Ja, nicht?« grinst Felix. »Aber das ist nicht der Grund, warum ich mit dir sprechen wollte. Ich wollte dich eigentlich fragen, äh ...« Er zieht ein Skateboard aus seiner Tasche. »Aber vorher dachte ich, dass ich dir ein paar Skateboard-Tricks beibringe und du mir dann als Gegenleistung Inlinerfahren.«

»Kein Problem«, meint Julius, froh, endlich mal mit jemandem quatschen zu können. »Ich machs!«

Der Nachmittag vergeht wie im Fluge. Nach einem atemberaubenden Skateboard-Looping sitzen die beiden Jungen völlig erschöpft auf der Skaterbahn und schauen den Profis zu. Erst jetzt fällt Felix ein, was er Julius fragen wollte.

»Juli«, sagt er leise, »ich wollte dich fragen, ob du mein Freund werden willst.«

Julius reißt die Augen auf und glotzt ihn an. Für einen Moment ist er sprachlos.

Dann antwortet er: »Also, in Berlin hatte ich sechs

Freunde: James, Anne, Tom, Paula, Frederic und Lola, aber so einen wie dich werde ich nie wieder finden.«

Felix springt auf und umarmt Julius.

»So!«, grinst Felix. »Aber jetzt zeig mir, wie man Inliner fährt, du hast es ja versprochen!«

»Oh!«, ruft Julius erschrocken nach einem Blick auf seine Armbanduhr. »Ich muss nach Hause!«

Auf dem Heimweg ist Julius zufrieden. Zwar wird er zu spät kommen, aber das macht ihm nichts aus, da er nun einen Freund gefunden hat.

Die Kölner Glücksdrachen
von Katharina Hardt (11 Jahre)

Ich kannte mal ein Mädchen, das hieß Katinka. Es war seit acht Wochen in einer neuen Schule, hatte aber immer noch keine Freunde, weil überall, wo sie hinkam, irgendetwas passierte oder kaputtging.

Katinka hatte in den acht Wochen alle Geheimgänge in der Schule erkundet und während der Pausen versteckte sie sich in ihnen. Einmal war sie gerade im Geheimgang vor dem Schülercafé, als ihre Klassenkameraden genau davor stehen blieben. Sie hatten keine Ahnung von diesem Gang und erzählten munter drauflos. Irgendwann kamen sie auf Katinka zu sprechen. Alle erzählten, dass sie Katinka total blöd fänden, und lästerten über sie.

Katinka wurde sehr traurig. Nach der Schule lief sie sofort in die Schulbücherei und suchte Trost bei den

Büchern. Dabei entdeckte sie einen neuen Geheimgang. Im Gang fand sie seltsame kleine Wesen, die sprechen konnten. Die Wesen erzählten ihr, dass sie Glücksdrachen wären. Jeder, der sie mitnähme und immer bei sich trüge, hätte immer und ewig Glück.

Natürlich nahm Katinka einen kleinen Drachen mit, er war gerade mal so groß wie ihr Zeigefinger und passte hervorragend in ihre Jackentasche. Am nächsten Tag hatte sie wirklich sehr viel Glück und war richtig froh. Aber nach einer Woche wurde ihr klar, dass es nicht ihr Glück war, sondern die Kraft des Drachen. Also wollte sie ihn wieder zurückbringen.

Auf dem Weg zur Bücherei kam ihr ein Mädchen entgegen, das ganz verweint aussah. Katinka fragte, was los sei, und das Mädchen antwortete, dass sie erst drei Tage auf dieser Schule und in Köln sei, vorher habe sie in Barkholz gewohnt. In diesen drei Tagen auf der Schule hätten die anderen Kinder ihr sehr genau gezeigt, dass sie nichts von ihr halten und sie total blöd, dumm und hässlich finden.

Katinka aber fand sie sehr nett und hatte sofort Vertrauen zu ihr. Sie erzählte ihr von den Geheimgängen und von den Kölner Glücksdrachen. Sie brachten den kleinen Glücksdrachen gemeinsam zurück und blieben noch ein Weilchen in der Bücherei, um sich alle alten Bücher über Drachen anzuschauen. Sie fanden ein Buch, in dem die Legende der Kölner Glücksdrachen geschrieben stand. Die Legende besagte, dass die Besitzer eines Drachens ihn nur im Kölner Dom freilassen dürfen, ansonsten würde der Drache sterben.

Schnell holten Katinka und ihre neue Freundin alle Drachen und fuhren mit dem Zug zum Kölner Dom. Dort angekommen, gingen sie in den wunderschönen Dom und ließen sie alle frei. Ihre kleinen Freunde flogen bis zur Domspitze und verschwanden dann.

Katinka war das nur recht, denn nun konnte sie ruhigen Gewissens sagen, dass ihre neue Freundschaft echt war und nicht nur Glück.

Ausflug mit Hindernissen
von Sabrina Boese (10 Jahre)

»Aufstehen, aufstehen, raus aus den Federn!«

Mann, was war das denn? Oh, nicht schon wieder meine Mutter. Wir hatten doch Ferien! Wie gerne würde ich heute mal ausschlafen.

Ich bin übrigens Lena. Lena Müller, Tochter von Lotte und Peter Müller sowie große Schwester von Chris (genannt das Monster) und stolze Besitzerin von Herrn Müller, unserem total verrückten Hund.

Meine Mutter hatte es wirklich geschafft, die ganze Familie aufzuwecken und am Frühstückstisch zu versammeln. Warum, fragt ihr euch jetzt? Na, heute sollte doch ein Familienausflug stattfinden und der Familienrat saß nun beisammen, um das Ziel festzulegen.

Vater Peter wollte ins Römisch-Germanische Museum (voll langweilig!), Mutter Lotte bevorzugte eine Wanderung durch den Stadtwald (alles, bloß das nicht), das Monster wollte eine Radtour (viel zu anstrengend) und ich wollte bei diesem schönen Wetter ins Müngersdorfer Schwimmstadion. Und Herr Müller sollte mit.

Zu guter Letzt entschlossen wir uns zu einem Picknick im Rheinpark. In Windeseile zogen wir uns an und machten uns auf den Weg.

Unseren Proviant wollten wir beim Metzger Schmitz an der Ecke besorgen. Vor dem Eingang banden wir Herrn Müller an.

»Sei schön brav«, mahnte Mama, »wir sind gleich wieder da.«

Jeder von uns bestellte beim Metzger zwei verschieden belegte Brötchen, Salami, Schinken, Leberwurst usw. Das dauerte vielleicht! Nach einer Viertelstunde hatten wir endlich alles beisammen und wollten los.

Aber, ach du Schreck, Herr Müller war weg! Verschwunden!

Chris heulte sofort los, ich ließ die Brötchen fallen und Mama und Papa waren wie versteinert.

Alle riefen gleichzeitig: »Herr Müller, Herr Müller, wo bist du?«

Nichts, kein Bellen, kein Laut.

Keine Frage, Herr Müller war entführt worden. Was nun?

Wir fragten Passanten, ob sie Herrn Müller gesehen oder etwas Verdächtiges bemerkt hatten. Niemand konnte uns weiterhelfen. So teilten wir uns zur Suche auf. Chris und ich suchten die Venloer Straße ab, Mama die Äußere Kanalstraße und Papa nahm sich die kleinen Nebenstraßen vor. Doch Herr Müller blieb spurlos verschwunden.

Nach zwei Stunden erfolgloser Suche trafen wir uns beim Metzger wieder. Wir waren traurig, enttäuscht und ratlos. Die Entführer waren mit unserem Herrn Müller bestimmt schon über alle Berge!

Plötzlich hörten wir den aufgebrachten Metzger Schmitz vom Hinterhof her schreien: »Ja wat soll dat dann? Häste sujet schon gesinn? Do friss dä Hunk de janze Woosch! Mach disch vum Hoff, du fiese Möpp.«

Fiese Möpp ...? Ob das vielleicht ...? Unser entführter Herr Müller ...?

Und da kam er auch schon zur Hoftür herausgerannt. Einen dicken Knochen im Maul und mit kugelrundem Bauch. Dieser Halunke. Eben ein total verrückter Hund.

Eigentlich hätten wir Herrn Müller ja böse sein sollen, aber unsere Freude war so riesig, dass wir ihn lieber knuddelten und streichelten. Lediglich Mama verordnete ihm für die nächsten Wochen eine strenge Diät. Mit einiger Verspätung machten wir uns nun überglücklich auf den Weg in den Rheinpark.

Es wurde ein sehr schöner Tag, an den wir noch lange zurückdenken werden.

Aber hoffentlich wird nicht jeder Ferientag so turbulent wie dieser.

Das Grauen im heiligen Köln. Köln in der Zukunft, im Jahre 2027
von Tatjana Turzin (10 Jahre)

»Mama, wieso stehen hier in der Innenstadt so viele uncoole schreckliche Teufelstatuen herum? Und wieso stehen da Statuen von Heiligen?«, fragt Janette ihre Mutter beim Bummel durch die hochmoderne Stadt.

»Ach, Kindchen, komm, wir setzen uns hin und ich erzähle dir eine wahre Geschichte: Es war im Jahre 2007, da fuhr ich mit meiner Mutter mit der S-Bahn in die Innenstadt.«

»Was ist eine S-Bahn?«, unterbricht Janette ihre Mutter.

»Ach ja, entschuldige bitte, dass ist so was Ähnliches wie unsere Power-Jumbo-Train, nur dass die S-Bahn tausendmal langsamer fuhr. Also, wir kauften für mich neue Anziehsachen und da fing es an zu regnen. Sturmböen stiegen auf und rissen an allem, was ihnen im Weg stand. Es wurde immer heftiger und dann zuckten auch Blitze über den dunkeln Regenwolken. Alle Passanten stürmten in die nahe gelegenen Geschäfte, um sich dort zu verstecken. Schon bei dem Sturm starben viele Menschen, doch es kam schlimmer. Viel schlimmer! Ein besonders heller Blitz zuckte am Himmel und traf dabei eine Spitze des Doms. Es krachte sehr laut und für einen Moment dachten alle, der Dom sei eingestürzt. Aber als der nächste Blitz zuckte und die Stadt erleuchtete, stand er noch heil da. Ich hatte große Angst, meine Mutter zog mich mit sich zum Hauptbahnhof, damit wir uns verstecken konnten.

Ich dachte, wir wären in Sicherheit, doch plötzlich riss

mich ein lautes Quietschen und Knarren aus meinen Gedanken. Der Boden vibrierte und man hörte gruselige Laute. Es hörte sich an, als ob ein riesiger Dinosaurier durch die Stadt spazierte. Und damit lag ich nicht ganz falsch, denn die vielen kleinen und großen Figuren, die sonst immer leblos am Dom hingen und vor sich hin starrten, erwachten zum Leben! Die Teufelchen stießen ohrenbetäubende Schreie aus und randalierten in der ganzen Stadt. Die Menschen bekamen Panik und versuchten, den Monstern mit der Bahn zu entkommen. Doch die grauen Statuen fegten jede Bahn wie ein Spielzeug weg. Meine Mutter nahm mich bei der Hand und wir liefen aus dem Bahnhof heraus. Draußen herrschte das Chaos! Auf dem Boden lagen tote und verletzte Menschen, Trümmer von Gebäuden und im Zentrum von alldem standen die Statuen der grauenvollen Kreaturen, aber auch die von Heiligen. Das alles sah aus wie eine Schlacht zwischen Gut und Böse.

Meine Mutter umschloss meine Hand fester und wir liefen in ein Gebäude, wo wir sicher zu sein glaubten. »Wenigstens für eine Weile«, sagte sie. Ich aber hatte trotzdem große Angst. Mir war zum Heulen zu Mute und genau in dem Moment war der richtige Zeitpunkt dafür.

Doch da sagte eine sanfte, tröstende Stimme zu mir: »Weine nicht, alles wird wieder gut. Nimm all deinen Mut zusammen und bleibe stark. Vertraue auf Gott und habe Hoffnung!« Ich blickte auf und sah einen Engel, der mich anlächelte.

»Verstecke dich im Dom und teile allen meine Botschaft mit«, sagte er noch und verschwand.

Meine Mutter hatte Tränen in den Augen, in ihrem

Gesicht spiegelte sich Freude und Hoffnung. Sie nahm mich wieder bei der Hand und wir rannten zum Dom. Alle Menschen, die wir trafen, nahmen wir mit. Der Dom sah leer und unbehaglich aus ohne die Figuren, die ihn sonst schmückten. Als wir hineinliefen, sah ich den Engel wieder. Er stand ganz vorne und winkte uns hinein.

Er wartete, bis wir um ihn versammelt waren, dann sprach er: »Habt keine Angst und vertraut mir. Der Teufel hat es geschafft, seine schrecklichen Kreaturen zum Leben zu erwecken. Gott hat seine Helfer, die steinernen Heiligen, geschickt. Aber er schafft es nicht alleine, er braucht eure Hilfe! Verbündet euch und glaubt an Gott und seine Macht. So wird das Gute siegen!« Und dann verschwand er.

Wir machten einen Kreis und nahmen uns bei den Händen. Dann dachte ich an Gott und seine Macht und an die Kreaturen, die wieder zu Stein werden sollten. Und plötzlich kam in mir eine wohlige Wärme auf, die immer größer wurde. Sie stieg nach oben und verließ mich dann. Ich fühlte mich ein bisschen geschwächt, doch da ertönte ein greller Blitz, gefolgt von Donner. Und als wir herausliefen, waren die Kreaturen und die Heiligen zu Stein erstarrt. Später wurde die Stadt wieder aufgebaut, die Statuen aber ließ man stehen und den Dom ließ man auch, wie er war.«

»Und das alles soll ich dir glauben?«, fragt Janette stirnrunzelnd. »Märchen sind doch voll uncool.«

»Du kannst glauben, was du willst, aber wenn du in Büchern über Köln nachschaust, dann wirst du feststellen, dass meine Geschichte stimmt!«, entgegnet ihre Mutter. »Komm, wir fliegen nach Hause.«

Mein Traumspiel
von Dennis Pohl (10 Jahre)

Als ich an einem sonnigen Nachmittag beim Fußballtraining auf dem Fortuna-Platz am Spielfeldrand sitze, um etwas zu trinken, spricht mich ein kleiner Mann mit einer piepsigen Stimme von hinten an:

»Ist ein toller Verein, oder?«, fragt er.

»Ja«, antworte ich.

»Stimmt es, dass der Verein Schwierigkeiten hat?«, redet er weiter.

»Ja, das stimmt. Sehr sogar«, sage ich und wundere mich, warum er das fragt.

»Wäre schön, wenn das anders wäre, vielleicht so wie beim 1. FC Köln, oder?«, fragt er mich weiter.

Ich antworte, nun ein bisschen lachend: »Ja, das wäre toll, oder wie Bayern München, das fänden bestimmt alle total irre.«

Dann lasse ich den etwas verlegen guckenden Mann stehen und laufe zurück aufs Spielfeld, um mit dem Training weiterzumachen. Den Mann habe ich schnell wieder vergessen.

In der nächsten Zeit passiert es immer häufiger, dass Fortuna Köln bei ihren Spielen gewinnt und auf einmal gewinnt sie immer. Die Fortuna wird so gut, dass ihre Spiele wieder im Fernsehen zu sehen sind. Und nicht nur das, sie sind in allen Zeitungen auf den Titelbildern zu sehen. Die Spieler der Fortuna Köln spielen wie die Wahnsinnigen. Sie spielen besser als der FC und in der zweiten Saison steigen sie in die 2. Liga auf. Nach kurzer Zeit ist auch der Aufstieg in die 1. Bundesliga so gut wie sicher. So etwas hat es noch nie gegeben! Es ist unfassbar, was da passiert!

Schließlich ist es so weit: Das absolute Derby steht bevor. Der 1. FC Köln spielt gegen den Aufsteiger Fortuna Köln. Der FC spielt um den zweiten Platz und Fortuna Köln braucht mindestens einen Punkt, um in der Liga zu bleiben. Das riesige Rhein-Energie-Stadion ist wie erwartet bis auf den letzten Platz ausverkauft. Die Fans jubeln und toben vor Begeisterung. Auch ich sitze mit meiner gesamten Mannschaft auf den Rängen. Da geht es auch schon los. Der Ball rollt hin und her. Die Zuschauer feuern ihre Mannschaft an. Aber die beiden Mannschaften spielen gleich stark. In der ersten Hälfte bleibt der Ball meistens im Mittelfeld, deshalb bekommt fast niemand eine Torchance. Es ist superspannend, das Spiel ist nichts für schwache Nerven.

Nach der ersten Halbzeit gehe ich mir in der Pause eine Bratwurst und eine Cola kaufen. Da tippt mir jemand auf die Schulter. Es ist der kleine Mann, der damals mit mir gesprochen hatte.

»Hallo«, sagt er zu mir. »Was sagst du jetzt zu deiner Fortuna?«

»Super«, antworte ich etwas verlegen und werde das Gefühl nicht los, dass er etwas damit zu tun hat. Als ich ihn danach frage, zögert er ein wenig. »Na ja, aber nur ein kleines bisschen.«

»Also doch, was haben Sie denn gemacht?«, bohre ich weiter.

Er beugt sich zu mir herunter und spricht ganz leise: »Na gut. Bevor wieder jemand in der Nacht Erbsen streut, so wie damals die neugierige Schneiderin, die uns vertrieben hat, verrate ich dir was: Meine Freunde und ich hatten jahrhundertelang nichts zu tun – und dabei sind wir doch Heinzelmännchen! Uns war es schrecklich langweilig und diese Fußball-Sache ist mal etwas ganz anderes als backen, putzen oder nähen. Also haben wir den Spieler in der Nacht etwas ins Ohr geflüstert. Aber nur anfangs.«

»Ja, und jetzt?«, stammele ich.

»Jetzt schaffen sie das allein!«, sagt er. »Sie spielen jetzt so gut und sie haben Spaß. Spaß ist am wichtigsten, dann kommt der Erfolg von ganz alleine. So, jetzt geh aber zurück. Das Spiel geht gleich weiter.« Ich glaube ihm kein Wort, aber bevor ich mich verabschieden kann, ist er verschwunden.

Nach dramatischen 90 Minuten steht es immer noch 0:0. Der Schiedsrichter lässt drei Minuten nachspielen. In der 91. Minute hat Fortuna den Ball. Da! Ein super Pass und – Tooor! Endlich, Fortuna Köln liegt vorn. Aber der FC kontert sofort. Es ist die 93. Minute. Der Schiedsrichter hat schon die Pfeife im Mund, um das Spiel abzupfeifen. Der Ball fliegt auf das Tor von Fortuna zu und ...

Ich spüre plötzliche etwas Nasses und Pelziges an meiner Hand. Ich schrecke hoch und – oh nein, mein Hund Lucky begrüßt mich freudig. Es ist Montagmorgen und ich muss zur Schule. Schade, jetzt werde ich nie erfahren, wie das Spiel ausgegangen ist. Aber ein toller Traum war es trotzdem. Und wer weiß, wenn meine Mannschaft genug Spaß hat ... und ein Heinzelmännchen hilft, könnten wir es vielleicht schaffen!

Wie ich in die Vergangenheit reiste
von Teresa Böger (11 Jahre)

Hallo, Leute, ich bin Marie und irgendwie habe ich es geschafft, in 'ne andere Zeit zu rutschen. Wie es dazu kam? Na, das erzähl ich euch jetzt.

Also, ich wollte 'ne Rutsche runterrutschen. Aber plötzlich kamen so Jungs auf mich zu, haben gesagt: »Pass auf! Das ist eine Zeitrutsche! Wenn du diese Rutsche runterrutschst, landest du in irgend 'ner anderen Zeit!«

Natürlich habe ich das denen nicht geglaubt. Denn gerade war ein Kind in die Röhre reingerutscht und kurze Zeit später auch unten wieder rausgekommen. Das Kind war zwar ein bisschen schmutzig, aber heil. Also bin ich auch gerutscht.

Vor mir war eine Vater mit seiner Tochter, die Tochter war ungefähr in meinem Alter. Am Anfang war es ganz normal, aber dann – wir rutschten alle noch ein Stück – blieb plötzlich alles stehen. Mein Gehirn stand still, aber nur für kurze Zeit. Als ich wieder denken konnte, öffnete sich neben mir und dem anderen Mädchen die Wand und wir fielen in eine mittelalterliche Stadt. Ich sah, dass es Köln war. Ich glaube, wir waren an der Kölner Stadtmauer.

Da ging ich zu dem anderen Mädchen hin und dachte: *Wir sollten sehen, dass wir hier wieder rauskommen.*

»Hallo, warst du nicht eben in der Rutsche?«, fragte ich.

»Ja«, antwortete das Mädchen.

Ich sagte mit zitternder Stimme: »Irgendwie müssen wir hier wieder raus. Ich möchte zurück zu Mama und Papa. Wie heißt du eigentlich? Ich bin Marie.«

Das Mädchen antwortete unsicher: »Hi, ich heiße Charlotte. Sollen wir uns nicht erst mal umschauen?«

Dann gingen wir schweigend die Straße entlang und nach ungefähr 20 Minuten sah ich die Kirche Maria im Kapitol.

Charlotte fragte ängstlich: »Wie sollen wir wieder nach Hause kommen?«

»Weiß nicht.«

Wir gingen weiter. Unerwartet stand ein älterer Mann mit weißgrauen Bart vor uns und starrte uns eindringlich an. Wir erschraken, aber der alte Mann seufzte nur und sagte: »Oh nein, schon wieder welche aus der Rutsche.«

Wir schauten uns verdutzt an, aber nach wenigen Sekunden fragte ich aufgeregt:

»Reden Sie, wir möchten zurück und ich hab Hunger.«

Er sagte, er wüsste etwas, aber dürfte uns nur einen Tipp geben:

»Sucht das schwärzeste Loch mit dem rostigsten Gitter. Doch es ist nicht das Gefängnis, denn es liegt unter der Erde. Außerdem wurde es schon oft überschwemmt und von oben betrachtet.«

Charlotte sagte: »Hm, ein rostiges Gitter, man sieht es von oben. Überlegen wir mal!«

Wir gingen in Gedanken versunken weiter. Ich schaute auf den Boden und sah plötzlich etwas Rostiges.

Ich rief aufgeregt: »Charlotte, Charlotte, es ist der Gulli!!!«

»Super, Marie!« Sie umarmte mich stürmisch.

»Jetzt müssen wir nur noch den rostigsten finden!«

Wir liefen los, nach, wir mir vorkam, ewiger Zeit fanden wir ihn. Er trug die Aufschrift:

Der rostigste Gulli

Wir hoben eilig den Deckel hoch und sprangen hinein. In der nächsten Minute war alles genau wie vorher: der Vater, dann Charlotte und ich hinter den beiden. Dann kamen wie unten an. Wir sahen, dass wir sehr schmutzig, Charlottes Vater aber noch ziemlich sauber war.

Seit diesem Abenteuer sind wir unzertrennlich. Meine Eltern finden das mal wieder alles voll komisch: Am Anfang der Rutschfahrt kennt man sich noch nicht und am Ende, wenn man wieder rauskommt, ist man unzertrennlich. Sie fragten uns natürlich aus, aber wir schwiegen wir zwei rostige Gullideckel.

Hubert ist verschwunden
von Paul Mikolajczyk (10 Jahre)

Im Kölner Zoo lebte vor einiger Zeit ein kleiner Drache, der hieß Hubert. Er war ein Buckeldrache, einen Meter hoch und 130 Zentimeter lang. Hubert hatte große, grüne Augen und kleine spitze Zähne. Sein Körper war schwarz und der Buckel war mit kleinen grünen Punkten übersät. Er hatte eine kleines Spitzmaul und er war ein sehr lieber Drache. Hubert lebte seit einem Jahr im Kölner Zoo, weil er ein Findeldrache war. Der kleine Drache bekam fast jede Woche Besuch von Tim, einem zehnjährigen Jungen. Tim war ein großer Fan von Drachen und hatte von seinen Großeltern eine Jahreskarte für den Zoo geschenkt bekommen.

Eines Tages wollte Tim seinen Freund Hubert besuchen und ging in Richtung des Drachengeheges. Da kam ihm der Wärter Karl schon von Weitem entgegengelaufen und rief: »Hubert ist weg!«

Tim fragte: »Hast du schon die Polizei angerufen?«

»Ja!«, rief der Wärter Karl. »Sie müssten jeden Augenblick hier sein.«

Tatütata heulte die Sirene des Polizeiautos, das gerade um die Ecke bog. Bei den Untersuchungen stellten die Beamten fest, dass die Tür des Geheges von außen geöffnet worden war. Als die Polizei wieder weg war, sagte Tim zu Karl: »Wir können Hubert nicht im Stich lassen und müssen ihn suchen!«

Nach wochenlangem Suchen gab es immer noch keine Anhaltspunkte, wo Hubert sich aufhielt. Auch die Polizei tappte noch immer im Dunkeln.

Eines Abends rief Tims Freund Malte bei ihm an: »Ich habe heute Hubert gesehen und er ist gerettet worden! Aber jetzt erzähle ich dir alles der Reihe nach:

Meine Mutter und ich haben heute einen Schiffsausflug gemacht und, stell dir mal vor, was dort passiert ist. Du weißt ja, wie neugierig ich immer bin, also, ich habe mich ein bisschen auf dem Schiff umgesehen und dabei auch mal einen Blick in die Kajüte des Kapitäns geworfen, weil ich dort hinter der Tür komische Geräusche hörte. Dort sah ich Hubert, der in einem Transportkäfig gefangen war und weinte! Ich beruhigte ihn und versprach ihm, Hilfe zu holen. Ich merkte mir auch den Namen des Kapitäns und den des Schiffes. Das Schiff hieß

Mathilde und der Kapitän Herr Franzen. Als ich wieder an Deck kam, erzählte ich meiner Mutter sofort die ganze Geschichte. Sie rief die Polizei an. Kurze Zeit später kam ein Schiff von der Wasserschutzpolizei, sie nahmen Hubert und den Kapitän mit. Das war wirklich aufregend! Wir durften sogar mit der Wasserschutzpolizei und Hubert zum Rheinufer fahren. Dort legten wir an und wurden von der Polizei in den Zoo gefahren. Alle waren überglücklich. Dann hat mir der Direktor des Zoos noch eine Jahreskarte geschenkt. Jetzt können wir immer zusammen in den Zoo gehen und Hubert besuchen!«

Tim fiel ein Stein vom Herzen, weil sein Freund Hubert gerettet worden war, und freute sich darauf, ihn wiederzusehen. Später erfuhr Tim, dass der Kapitän bei der Polizei ein umfassendes Geständnis abgelegt hatte. Er wollte Hubert für viel Geld an einen Millionär in Afrika verkaufen. Dieser wurde später auch von der afrikanischen Polizei verhaftet, weil er keine exotischen Tiere halten durfte. Er wurde schon länger von Tierschützern beobachtet, weil er die Tiere nicht artgerecht hielt.

Am Ende dieser Geschichte waren alle glücklich, außer dem Kapitän Franzen und dem Millionär, die nun einige Zeit im Gefängnis verbringen mussten.

Ein rätselhafter Geburtstagsausflug
von Julia Pape (11 Jahre)

Letztes Wochenende hatte ich Geburtstag und durfte mir wie jedes Jahr etwas wünschen. Dieses Mal wollte ich mir etwas ganz Besonderes wünschen. Nach einigem Überlegen fiel es mir ein. Ich wollte alleine einen Ausflug durch Köln machen!

Als ich mich fertig gemacht hatte, gaben mir meine Eltern einen 10-Euro-Schein. »Davon kannst du dir was kaufen!«, sagte meine Mutter. Als ich dann die Treppen runterging, überlegte ich, wohin ich gehen könnte. Ich entschied, erst mal auf den Dom zu steigen. Nur gut, dass meine Mutter mir zehn Euro mitgegeben hatte, der Domaufstieg kostete nämlich einen Euro.

Als ich auf der anderen Rheinseite und am Dom angekommen war, bezahlte ich und ging hoch. Nach ungefähr zehn Minuten kamen mir Erbsen entgegengerollt.

Nanu!, dachte ich. *Hat hier jemand Erbsen fallen gelassen?* Kurz danach kamen mir komische kleine Wesen entgegen.

Wer sind die bloß?, dachte ich. Da sah ich, dass ein kleines Männlein eine Erbse am Fuß hatte. Plötzlich fiel mir ein, wer die Männlein sein konnten: die Heinzelmännchen!!! Natürlich! Das war ja eine Geburtstagsüberraschung!

Ich guckte mir ein Heinzelmännchen genauer an, denn gerade kam das letzte an mir vorbei.

Kurze Zeit später war ich oben. Oben im Dom, von wo aus man weit gucken kann, ging ich ein- oder zweimal im Kreis herum. Dann wollte ich runtergehen. Davor warf ich aber noch einen Blick Richtung Rheinpark. Da sah ich etwas, was mir die Sprache verschlug. So was hatte ich noch nie gesehen. Ich wagte kaum zu atmen. Es war so – so seltsam. Ich sah Bäume in Form des Kölner Wappens. Ich sah genau die Form des Wappens: oben die drei Kronen und unten die elf Tropfen. Da fiel mir ein, dass ich mein Fernglas mitgenommen hatte. Ich guckte hindurch, um mich zu vergewissern, dass ich nicht träumte. Nein, es war Wirklichkeit. Es sah wirklich so aus wie das Kölner Wappen.

Ich beschloss, in den Rheinpark zu gehen und mir dieses Kölner Wappen näher anzugucken. Ich wollte schon über eine Brücke, die über den Rhein führte, gehen, da schenkte ein Fremder mir eine Schiffsfahrkarte. So konnte ich mit einem Schiff auf die andere Seite des Rheins fahren. Ich ging schnell zu der Stelle, an der das Schiff losfahren sollte. Schnell bestieg ich das Schiff. Da fuhr es auch schon los. Ich wollte mir das Schiff näher ansehen und fing einen Rundgang an. Ich war gerade im Speisesaal, da fiel mein Blick in eine Kabine und ich sah vier Leute an einem Tisch. Zuerst dachte ich mir nichts dabei und ging weiter. Doch mein Gefühl sagte mir, dass da etwas nicht stimmte und ich mir das noch mal angucken sollte. Und tatsächlich! Als ich genauer hinschaute, glaubte ich, mein Herz würde stehen bleiben. Ich musste mich an der Stange festhalten, die an der Wand angebracht war. An dem Tisch saßen die Drei Heiligen Könige und Ursula mit einem Bild in der Hand, das ihre 11.000 Begleiter zeigte.

Da kam eine Durchsage: »Wir sind auf der anderen Seite des Rheines! Alle aussteigen, die rübergebracht werden sollten.« Kurz danach hatte ich mich wieder gefasst und ging vom Schiff in den Rheinpark. Dort guckte ich mir das ›Kölner Wappen‹ nochmal an. Ja, es war wirklich kein Traum gewesen. Bäume bildeten das Kölner Wappen. Einfach faszinierend!

Nun beschloss ich, auf den Spielplatz im Rheinpark zu gehen. Es waren auch nur fünf Minuten Fußweg dahin. Als ich ankam, erlebte ich eine große Enttäuschung. Der Spielplatz war weg! Abgebaut! Ich war vielleicht traurig. Da aber die Sonne gerade so schön schien, legte ich mich auf eine Wiese und wollte mich ein bisschen ausruhen. Plötzlich schlief ich ein und träumte schöne Träume.

Als ich aufwachte, guckte ich auf meine Armbanduhr. Sie zeigte vier Uhr nachmittags. Ich beschloss, nach Hause zu gehen. Ich richtete mich auf, fiel aber gleich wieder hin, denn das, was ich sah, konnte nie und nimmer in Wirklichkeit passiert sein. Von allem Besonderen, was ich heute erlebt hatte, war das jetzt die unwirklichste Sache. Es konnte gar nicht wahr sein! Ich zwickte mich in mein Bein, um festzustellen, ob ich wach war oder träumte. Doch es tat weh und das bedeutete wohl, dass ich wach war.

Ich sah nämlich einen Spielplatz, den tollsten, den ich je gesehen hatte! An der Stelle, wo vor einer Stunde überhaupt nichts gewesen war, stand jetzt ein riesentoller Spielplatz! Ich sprang sofort auf und probierte alles aus. Dann wollte ich nach Hause gehen, nur die größte Rutsche musste ich noch ausprobieren. Als ich oben war, sah ich eine zerquetschte Erbse auf der Rutsche. Da wusste ich, wer den Spielplatz so schnell gebaut hatte und wer mir diesen überraschungsvollen Tag beschert hatte. Die Heinzelmännchen! Es gab sie also doch!

Nun ging ich so schnell ich konnte zur nächsten Bahnstation. Als ich dann in der Bahn saß und nach Hause fuhr, dachte ich mir: *Wenn ich das Mama, Papa, meiner Schwester, meinem Bruder, Oma und Opa und in der Schule meinen Freunden oder meiner Lehrerin erzähle, glaubt mir sicher niemand ein Wort ...*

Köln in Gefahr
von Louise Caroline Beichler (11 Jahre)

Ich war wie versteinert. Ich dachte, ich sehe nicht richtig! Dort stand schwarz auf weiß im Kölner Stadt-Anzeiger: »Die Regierung überlegt sich, dass Köln und Düsseldorf und alles, was dazwischen liegt, zu einer Stadt namens Groß-Düsseldorf zusammengelegt werden sollen. Mehr dazu auf Seite 3.« Sollte das ein Witz sein? Aber es war kein Karneval, und der 1. April war auch nicht. Das konnte doch einfach nicht die Wahrheit sein. Aber ein Scherz wäre verboten gewesen. Sofort schlug ich Seite 3 auf. Hier stand ein Interview mit dem Innenminister. Es sei wegen Arbeitsplätzen und Hauptstadt sollte Groß-Düsseldorf auch noch werden. Schnell rief ich meine Freunde Jana und Ben an, um sie aufzuklären. Kurz darauf saßen wir in unserem Baumhaus und dachten nach. Wenn drei Köln-Detektive nachdenken, dann steigt Rauch aus dem Baumhaus-Schornstein. Als wir alle fertig mit Denken waren, schilderte ein jeder seine Idee:

Ben: »Wir schreiben der Bundesregierung einen Brief, in dem steht, warum Köln Köln heißt und unersetzbar ist.«

Jana: »Wir sammeln Unterschriften und drohen mit einem Aufstand.«

Ich: »Wir bitten meinen Vater, in einem Leserbrief im Kölner Stadt-Anzeiger über das unersetzbare Köln zu prahlen.«

Also schrieben wir einen Brief an die Bundesregierung:

Liebe Abgeordnete, liebe Minister!
Wir, die drei Köln-Detektive, kämpfen für unsere Stadt! Köln ist anders als Düsseldorf. Hier würden hunderte Menschen ihren Job verlieren, wenn aus zwei Städten eine gemacht würde. Wir schlagen vor, dass Köln seinen einmaligen historischen Namen behält und genauso groß bleibt wie bisher.

Mit freundlichen Grüßen
die drei Köln-Detektive
PS: Köln würde außerdem Touristen verlieren!

Knapp eine Woche später stand in der Zeitung, dass die Regierung überlegt, Köln in Köln 1 und Köln 2 zu teilen.

»Das war wohl nichts«, sagte ich am Nachmittag zu meinen Freunden im Baumhaus.

Ben erwiderte: »Ich schlage Plan 2 vor.«

Und so geschah es auch. Wir gingen auf die Domplatte und sammelten 375 Unterschriften. Damit gingen wir zum Rathaus und sagten dem Bürgermeister, dass Köln so bleiben solle, wie es ist, und wenn nicht, würden wir einen Aufstand machen.

Später schrieb der Kölner Stadt-Anzeiger, dass die Regierung an ihrem Vorhaben festhalten wolle. Als wir unseren Aufstand machen wollten, erschienen nur fünf Leute und der Aufstand wurde nicht beachtet. Enttäuscht, dass Plan 2 nicht geklappt hatte, widmeten wir uns nun Plan 3.

Als mein Vater müde und erschöpft nach Hause kam, beachtete er die drei Kinder, die auf ihn zustürmten, kaum.

»Bitte, Papi, schreibst du einen Bericht darüber, wie schön Köln ist und dass die Bundesregierung kein Recht dazu hat, es zu verändern?«

»Bitte!«, riefen wir und bettelten und baten so lange, bis mein Vater einverstanden war, froh darüber, uns abschütteln zu können.

»Ehrenwort?«, fragten wir.

»Ehrenwort«, brachte er heraus.

Am nächsten Tag kam mein Vater zu mir und sagte: »Es tut mir Leid, Kleines, aber ich habe so viel Stress, dass ich den Leserbrief für euch nicht schreiben kann.«

»Aber du hast uns dein Ehrenwort gegeben, dass du dir Mühe geben würdest, einen großen und frechen Brief zu schreiben«, antwortete ich in einem Ton, vor dem sich andere Menschen gefürchtet hätten. Mein Vater gab nach.

Am Tag darauf war auf einer Doppelseite der Zeitung der böse Leserbrief meines Vaters zu lesen. Das freute die drei Köln-Detektive sehr. Andererseits wussten sie nicht, ob er helfen würde.

Am nächsten Morgen stand wieder etwas zu dem Thema im Kölner Stadt-Anzeiger und wieder konnte ich es nicht glauben.

»Die Regierung hat ihre Meinung mit Hilfe von den drei Köln-Detektiven geändert. Köln bleibt, wie es ist. Die drei Köln-Detektive dürfen sich um 13 Uhr im Rathaus von Köln einen Orden abholen.« Als ich das las, dachte ich: *Das ist der schönste Tag in meinem Leben!*

Dunkelheit in Köln
von Maximilian Schütz (10 Jahre)

»Nein, nein, er ist weg, er ist weg, sucht ihn, Häscher! Sucht ihn und tötet den Dieb, tötet ihn!«

Jerafin, der Herr der Dämonen, war außer sich vor Wut und seine Diener rannten davon und erledigten schleunigst den Auftrag. Jedenfalls versuchten sie das. Tohmas rannte so schnell er konnte, an seiner Rechten hing das Schwert. Tohmas ärgerte sich, denn es war dunkel in Köln. Na ja, eigentlich war es seit drei Wochen dunkel in Köln und Köln wurde auch von einer geheimnisvollen Barriere umgeben, sodass niemand hinein konnte und niemand hinaus.

Aber wieder zu Tohmas: Inzwischen hatte er sich vor eine Tür gestellt und rief: »Efendum rijour«, übersetzt »Öffne Meister«, und eine alt wirkende Gestalt öffnete. Tohmas trat ein und setzte sich. Dann sagte er: »Ich habe das Schwert, jetzt erzähle mir die Geschichte!«

»Na gut«, sagte der Alte und fing an: »Vor langer Zeit schuf jemand ein Wesen, doch bevor es Form angenommen hatte, teilte es sich zu Tausenden und jedes dieser Wesen nahm eine andere Form an. Es waren die

Dämonen. Dann verschwanden sie unter der Erde. Der mächtigste von ihnen ist das ursprüngliche Original.«

Der Alte hielt inne, überlegte und fuhr dann fort:

»Jedenfalls musst du das Schwert an einem bestimmten Ort zerstören, um die Dämonen zu bannen. Also suche in der Stadtbibliothek nach der Antwort.«

In den nächsten Tagen suchte Tohmas wie ein Verrückter nach der Antwort.

Eigentlich wären ja schon alle Kölner verhungert, wären da nicht die Dämonen, die ihnen Essen brachten. Im Gegenzug durften sie die Kölner erschrecken, denn Angst war für sie Nahrung. Manchmal waren sie aber auch brutal und verletzten Menschen schwer. Eines Tages griffen drei der Dämonen auch Tohmas an. Der eine war eine Kuh mit Reißzähnen und Lederflügeln, der andere ein Minotaurus und der dritte ein Affe mit 20 Zentimeter langen Klauen. Sie griffen an, doch Tohmas zog sein Schwert und rannte todesmutig auf sie zu. Als er zuschlagen wollte, merkte er, dass das Schwert seine Hand führte und nicht umgekehrt. Statt zu sterben, verwandelten sich die Dämonen in körperlose Gestalten, sobald Tohmas sie traf. Tohmas rannte davon, er spürte schon die Gegenwart weiterer Häscher.

Ein Mann versperrte ihm den Weg und forderte:

»Kauft das Buch für drei Gulden und ich lasse euch durch.« Tohmas knallte ihm die drei Gulden in die Hand und rannte weiter. Wohin sollte er sich wenden? Im Haus seiner Eltern würden sie ihn auf jeden Fall finden. Nein, er musste zur alten Fabrik.

Dort angekommen, versteckte er sich in einem Raum und schaute sich den Titel des Buches an, das er gekauft hatte. Es hieß »Camillo oder die Vernichtung der Dämonen«. Das war ja genau, was er suchte! Schnell blätterte Tohmas in dem Buch herum und fand schließlich die richtige Stelle. Dort stand, man müsse das Schwert an einem roten Rubin am Kölner Schrein zerstören, um die Dämonen zu bannen.

Gerade als Tohmas wieder auf dem Weg nach draußen war, gab es einen lauten Knall. Die Dämonen waren durch die Wand gebrochen! Sofort rannte Tohmas los. Schnell, schneller als jemals zuvor, rannte Tohmas direkt zum Dom. Dort angekommen, hatten ihn die Dämonen fast eingeholt. Aber dort stand schon der Schrein in seiner ganzen Pracht.

Doch zehn Meter vor dem Schrein bekamen ihn die Dämonen zu fassen. Tohmas warf das Schwert von sich in Richtung Schrein und dachte: *Nun ist alles verloren.* Er schloss die Augen und dachte, es wäre aus. Als er ein lautes Splitter hörte, öffnete er die Augen wieder. Um ihn herum waren die Dämonen in der Luft erstarrt, wurden allmählich zu Dunst und stiegen in die Barriere auf, die langsam, aber sicher verschwand. Dann wurde alles um ihn herum schwarz.

Als er wieder aufwachte, lag Tohmas im Krankenhaus, in Köln war es wieder hell und alles wurde wie vorher. Alles?

Nein, Tohmas war jetzt ein Held!

Das Kribbeln
von Natalia Reinartz (11 Jahre)

Hallo, ich bin Paula. Letzte Woche war ich mit meiner Klasse auf Klassenfahrt. Die Reise ging nach Köln. Eine Woche Köln, das war ganz schön aufregend! Als ich mich von meinen Eltern am Bahnhof verabschiedet hatte, suchte ich mir einen Platz in unserem Abteil. Neben Jan war noch frei.

Jan! Ein seltsames Kribbeln entstand in meiner Magengegend. Ob die Gerüchte wohl stimmten? War Jan in mich verknallt? Während der Fahrt beobachtete ich ihn. Aber ich konnte nichts Auffälliges erkennen.

Am Hauptbahnhof angekommen, mussten wir uns durch ein Menschengedränge schieben. So viele Reisende. Wo die wohl alle herkamen? Unser Klassenlehrer hatte große Mühe, uns alle beisammenzuhalten.

Die Zimmer in der Jugendherberge waren schön. Schnell hatten wir unsere Betten bezogen. Im Aufenthaltsraum erklärte uns Herr Hücker, unser Lehrer, das Programm des nächsten Tages. Wir konnten uns aussuchen, ob wir den Dom besteigen oder lieber das Römisch-Germanische Museum besichtigen wollten. Ich entschied mich für die Dombesteigung. So kam es, dass wir uns auf der Domplatte in zwei Gruppen aufteilten.

Jan war in meiner Gruppe.

Im Dom war es kühl und sehr ruhig. Wir unterhielten uns nur noch im Flüsterton, denn keiner wollte diese Stille zerstören. Nachdem wir uns umgesehen hatten, begann der Aufstieg. Treppen, Treppen und noch mehr Treppen.

Hört das denn nie auf, dachte ich.

Nicht nur ich, sondern auch meine Klassenkameraden murrten gewaltig über den mühsamen Aufstieg. Das Ganze wurde noch anstrengender dadurch, dass uns ständig Leute entgegenkamen, denen wir Platz machen mussten. Es war eine enge Treppe, die im Kreis nach oben führte. Dicht vor mir ging Jan.

Dann war es endlich geschafft. Außer Puste oben angelangt, betrachtete ich Köln.

»Ganz schön beeindruckend«, sagte Jan neben mir.

Wieder kam das Kribbeln.

»Sieh mal, da unten ist das Museum, wo die anderen sind. Ich war schon mal mit meinen Eltern in Köln und kenne mich hier ein wenig aus. Da drüben auf der anderen Rheinseite war beim letzten Mal ein riesiger Rummelplatz ...«

Jan legte beim Erzählen zu meiner Überraschung seine Hand auf meine. Das Kribbeln wurde immer stärker. Um meine Aufregung zu überspielen, erzählte ich ihm von meinem Ausflug ins Phantasialand, wo ich am allerliebsten Achterbahn gefahren war. Achterbahn fuhr auch er am liebsten.

Überhaupt hatten wir viel gemeinsam, wie wir feststellten, während wir weiterredeten. Warum war ich eigentlich so aufgeregt gewesen? Jan war wirklich der netteste Junge, den ich bisher kennen gelernt hatte. Und wir hatten noch sechs tolle Tage in Köln vor uns. Jetzt kribbelte die Vorfreude in meinem Bauch und wir machten uns Hand in Hand auf den Weg zum Abstieg.

Das rote Buch
von Rebecca Scheben (11 Jahre)

Jenny ist 13 Jahre alt. Sie wohnt mit ihren Eltern in Köln. Ihre Lieblingsbeschäftigung ist Zeichnen. Sie war schon überall in Köln: am Rhein, am Severinstor, an der Ulrepforte und sonst noch wo. Aber am liebsten malt sie den Kölner Dom, egal ob von draußen oder drinnen.

Eines Tages machte sich Jenny auf den Weg zum Dom, um die alten Grabkammern zu zeichnen. Als Jenny ankam, war es zwei Uhr mittags. Der Dom war voll mit Menschen. Sie setzte sich auf den kalten Boden. Viele Besucher schauten sie an. *Wer setzt sich schon freiwillig auf den staubigen, kalten Boden?*, dachten sie. Langsam wurde es Abend. Jenny wanderte von Grabkammer zu Grabkammer. Als es sieben Uhr war, musste sie noch vier Grabkammern malen. Langsam leerte sich der Dom, bis nur noch ein paar Besucher da waren.

Als Jenny hochblickte, um ihrem Bild noch den letzten Schliff zu verpassen, sah sie etwas Rotes in einer Ecke schimmern. Jenny stand auf und versuchte herauszufinden, was es war. Ihre Neugier erwachte. Sie sah sich um, ob auch nur ja kein Wärter oder Besucher sie beobachtete, und kletterte rasch über die Absperrung. Als sie zu dem Gegenstand kam, merkte sie, dass es ein Buch war, ein Buch, eingeschlagen in einen roten Umschlag. Mit ihm unter dem Arm kletterte sie wieder an ihren Platz. Ein komisches Zeichen war auf dem Buch. Das erinnerte sie an ›Die unendliche Geschichte‹. Ohne zu überlegen, öffnete sie es. Plötzlich wusste sie nicht mehr, wo sie war. Bunte Farben schwebten an ihr vorbei. Als Jenny wieder zu sich kam, sah die Welt irgendwie anders aus. Es gab keinen Dom, nur eine kleine Baustelle. Links herum standen Häuser mit spitzen Dächern, Giebelhäuser. Jenny konnte es nicht fassen. Ihren Berechnungen nach war die Baustelle, an der noch über Hunderte von Jahren getüftelt werden sollte, der Dom. Sie schätzte, dass sie ungefähr im 13. Jahrhundert war. Sie sah ein kleines Mädchen, das mit einer Katze spielte.

»Hallo«, sagte Jenny vorsichtig, »wie heißt du?«

Das Mädchen erschreckte und rannte weg.

»Hallo«, schrie Jenny noch einmal, »warte doch!«

Ohne zu überlegen rannte sie ihr hinterher. Ein paar Häuser weiter hatte sie das Mädchen eingeholt.

»Was willst du von mir?«, fragte das Mädchen in einer Mischung aus Kölsch und Mittelhochdeutsch.

Eigentlich fand Jenny, dass ihr in der Schule nicht sonderlich viel beigebracht wurde, jetzt war es aber ganz praktisch, dass sie den Mittelhochdeutschkurs belegt hatte und sie das fremde Mädchen darum gut verstehen konnte.

»Ich möchte wissen, wo ich bin.«, sagte Jenny.

»In Cöln!«, sagte das Mädchen.

»Kannst du mich etwas durch die Stadt führen?« bat Jenny.

Das Mädchen nickte nur. Sie gingen an die Stelle zurück, wo Jenny angekommen war.

»Das wird einmal eine Kirche» sagte das Mädchen.

Jenny nickte und fragte: »Wie heißt du?«

»Ursula.«

»Wie die Frau aus der Sage?«

Ursula nickte.

»Komm!«, sagte sie. »Lass uns über die Stadtmauer balancieren!«

»Ist die denn schon fertig?«, wollte Jenny wissen.

Ursula rannte vor. Jenny wollte hinterherrennen. Da fiel ihr Blick auf ein Buch mit einem roten Umschlag. Es lag geöffnet auf der Straße. Jenny sah sich das Buch genauer an. War es nicht das Buch, mit dem sie in das altertümliche Köln hineingezogen worden war? Jenny klappte das Buch zu. Augenblicklich war sie wieder im fertigen Dom.

»Hey, was machst du denn hier? Der Dom schließt gleich«, sagte ein Wärter und rüttelte an der schlafenden Jenny.

»Ja, ja, ich geh ja schon.«

Ihr war kaum bewusst, dass sie das Buch immer noch in den Händen hielt. Im letzten Moment fiel es ihr ein und sie rannte zurück zur Grabkammer. Als sie sich das Grab genauer ansah, las sie auf dem Stein ›Ursula‹. Sie legte das Buch wieder neben das Grab.

»Für andere!«, murmelte sie leise.

Mit einem guten Gefühl fuhr sie nach Hause.

Zoo total
von David Tegethoff (11 Jahre)

Ben, Hanna und Robert jauchzten auf, als ihre Mutter ihnen die Erlaubnis gab, mit ihrem kleinen Bruder in den Kölner Zoo zu gehen. Sogar Thomas blickte strahlend von seinem Stofftier auf und gluckste ausgelassen. Aber nur kurz, dann steckte er sich Jannis wieder in den Mund und machte »mpf«.

Es wurde ein wunderschöner Tag, der nur dadurch getrübt wurde, dass Thomas ein Bein seines Plüschtiers verschluckte.

Sie betrachteten die Erdmännchen, wie sie Männchen machten, und Thomas ging glücklich auf Spatzenjagd. Dann kamen sie zum Affenhaus, verließen es aber sofort wieder, als ein Affe im Laufgitter über Hannas Kopf ein kleines Geschäft verrichtete. Hanna kreischte auf und stürzte auf die Toiletten. Dass sie in die Herrentoilette raste, schien keinen der Jungen wirklich zu stören. Dort hielt sie den Kopf so lang ins Waschbecken, dass Robert ernsthaft befürchtete, sie sei ins Klo gefallen.

Danach wollte Hanna erst mal Mittag essen. Die Jungen hatten jedoch schon auf einer Bank vor den Toiletten mächtig Proviant zu sich genommen. Deshalb ließen sie die mampfende Hanna hinter sich zurück und betrachteten glückselig, wie die Menschenaffen Grimassen schnitten und sich der alte Orang-Utan immer wieder mit den Fingern das Fell durchkämmte.

Nach einer Stunde trafen sie sich mit Hanna beim neuen Elefantenhaus. Dort versuchten sie lange vergeblich herauszufinden, welcher der Elefanten schwanger war. Nach einer langen Zeit fing Thomas an zu quengeln: »Ich will jetzt zu Bockomotive!«

Als er sah, dass er keinen Erfolg hatte, wiederholte er seinen Vers und baute extra viele Schluchzer ein, bis sich Ben erweichen ließ und mit ihm zum Spielplatz ging.

Die Enttäuschung war groß, als Thomas merkte, dass

die alte ausrangierte Lok gegen eine neue aus Plastik ausgetauscht worden war. Nach einiger Zeit freundete er sich dann aber mit der neuen »Bockomotive«, wie er sie nannte, an und turnte selig auf ihr herum.

Als sie beim Giraffenhaus ankamen, hatte sich eine große Menschentraube um das neugeborene Giraffenbaby gebildet, das ängstlich die vielen Leute mit ihren Fotoapparaten musterte.

»Oh, ist das süß«, kreischte Hanna, riss Thomas seine jetzt dreibeinige Stoffgiraffe aus der Hand und drückte sie an ihr Herz.

Als die Kinder sich vom Anblick der kleinen Giraffe losrissen und das Haus verließen, bemerkten sie, dass ein Fenster des alten, im orientalischen Stil errichteten Elefantenhauses offen stand. Kurz entschlossen kletterten sie hindurch. Im Inneren des Hauses fanden sie schöne, mit blau-weißen Kacheln gefliese Wände und drei riesige, leere Wannen, in denen früher die Nilpferde untergebracht gewesen waren. Sie aßen die letzten Vorräte und spielten Fangen. Sie waren so ins Spiel vertieft, dass sie gar nicht merkten, wie es Abend wurde, die letzten Besucher zum Ausgang eilten und der Zoo geschlossen wurde.

Als Ben auf die Uhr sah, erstarrte er. Mit erstickter Stimme stotterte er:

»18:50 Uhr ... der Zoo ist geschlossen!«, worauf Thomas leise anfing zu weinen.

»Wir müssen zum Ausgang, vielleicht ist da noch jemand, los schnell!«, fügte Ben mit Nachdruck hinzu. Hanna nahm Thomas auf den Arm, dann rannten sie los. Die Kinder durchquerten hastig den Zoo, verliefen sich zweimal und kamen endlich beim Ausgang an. Sie rüttelten am Gitter und schrien so laut sie konnten. Aber nichts geschah. Da hatte Ben einen Geistesblitz:

»Mein Handy, ich hab es in dem Haus zurückgelassen! Damit können wir Hilfe rufen!«

Die Geschwister rannten beflügelt zum alten Elefantenhaus zurück. Nach einigem Suchen fand Hanna Bens Handy im Stroh. Ben riss es ihr aufgeregt aus der Hand und wählte eine Nummer. Nach einer kurzen Pause tönte die Stimme einer Frau aus dem Handy und nahm den Kindern alle Hoffnung:

»Lieber Callya-Kunde, Ihr aktuelles Guthaben beträgt 0 Euro und 9 Cent. Für den gewünschten Anruf reicht es leider nicht mehr aus. Wir empfehlen Ihnen, Ihr Handy bald wieder aufzuladen.«

Und als Robert sich dann nicht mehr an die R-Gesprächsnummer erinnern konnte, sanken die Kinder entmutigt ins Heu und waren kurz darauf eingeschlafen.

Mitten in der Nacht wurden sie durch komische pfeifende Laute geweckt. Ben, Hanna, Robert und Thomas erhoben sich schlaftrunken und hasteten nach draußen, den immer lauter werdenden Geräuschen nach. Eine Erdmännchenherde huschte knapp an ihnen vorbei, Vögel rannten wild kreischend durcheinander und zwei Giraffen stoben ziellos vorbei.

Plötzlich traten ihnen drei Löwen in den Weg. Die Kinder schrien entsetzt auf und wichen zurück. Die Löwen fingen knurrend an, Kreise um die Kinder zu drehen, die sie immer enger zogen. Plötzlich raschelte etwas, dann sprang ein gigantischer Löwe mit einer feuerroten Mähne und blitzenden Krallen aus dem Dickicht auf Robert zu, der wie versteinert schien. Blitzschnell griff

Ben sich einen spitzen, keilförmigen Stein vom Boden, holte weit aus und warf ihn mit aller Kraft. Der Stein traf die Kehle des Untiers und durchbohrte sie. Das Tier brach über Robert zusammen und traf ihn mit voller Wucht am Kopf, worauf dieser lautlos zu Boden sank. Die zwei anderen Löwen setzten zähnefletschend zum Sprung an und sprangen gleichzeitig auf Hanna und Thomas zu. Hanna rollte sich schnell zur Seite und zog ihren kleinen Bruder mit sich. Die Löwen setzten kurz hinter ihnen auf. Einer von ihnen fuhr blitzschnell herum und zog Hanna die Krallen übers Gesicht. Dem anderen bohrte Robert sein Taschenmesser ins Fleisch. Dieser zuckte, drehte sich um und riss Robert dabei das Messer aus der Hand. In diesem Moment stemmte Ben den Körper des toten Löwen in die Höhe und warf ihn ins Gepardengehege. Der Löwe, der Robert gerade zerfleischen wollte, betrachtete gierig seinen toten Spießgesellen und setzte ihm nach. Die Geräusche eines heftigen Kampfes drangen an ihr Ohr. Schließlich gewann der Gepard und ergötzte sich nun an der doppelten Menge Fleisch.

Als sich Ben und Robert umdrehten, sahen sie Hanna am Boden liegen und Thomas aufs Erdmännchengehege zustolpern, in dem sich der dritte Löwe über die Erdmännchen hermachte. Das Monster, das über Hannas Leichnam thronte, erhob sich, sprang und bohrte seine Zähne in Thomas' Nacken.

Da tippte jemand Ben mit einem Besen an. Er öffnete die Augen und blickte in das Gesicht eines Tierpflegers. Hanna und Thomas lagen unversehrt neben ihm. Der Zoowärter sagte: »Kommt, steht auf, eure Eltern warten auf euch.«

Finsternis über Köln
von Lotti Mischke (11 Jahre)

Ich erinnere mich noch genau an jene Nacht, die so dunkel und leer war wie keine andere. Die Wege und Straßen waren ohne das schillernde Mondlicht seltsam unheimlich und die Häuser warfen große Schatten über Köln. Das einzige Licht kam von den Straßenlaternen, doch auch die waren erloschen von der undurchdringlichen Finsternis.

Ich war damals 13 Jahre alt und wohnte in Köln-Deutz. In dieser Nacht kam ich von einer Party im Kolpinghaus, Freunde hatten dort gefeiert, und als ich durch die schwere Glastür trat, umhüllte mich eine Stille wie Watte in den Ohren. Von Ferne hörte ich die leise Musik, zu der ich eben noch tanzte, doch das kam mir schon wie eine Ewigkeit vor. Langsam machte ich mich auf den Weg nach Hause. Die Dunkelheit ließ mich nicht los und ich war erleichtert, endlich vor meiner Haustür zu stehen und in das Flurlicht zu tauchen.

Der nächste Morgen brach ran, meine Mutter rief mich zum Frühstück und danach machte ich mich auf den Weg zur Schule. Als ich die Treppen bis zur Haustür hinunterpolterte, die Tür aufriss und nach draußen blickte, traf mich fast der Schlag. Statt des üblichen Vogelgezwitschers und der warmen Sonnenstrahlen empfing mich Stille, Dunkelheit und Trostlosigkeit. Keine Menschenseele war zu sehen, keine lärmenden Kinder waren zu hören und abermals umhüllte mich die Stille wie Watte in den Ohren.

Mit klopfendem Herzen trat ich einen Schritt nach vorn, nichts passierte. Nochmals bewegte ich meine Beine einen Schritt vorwärts und schnappte nach Luft. Ich konnte kaum noch atmen! Meine Lungen bekamen zu wenig Luft, meine Augen brannten. Schwer durch den Mund atmend kämpfte ich mich voran.

Von einem Moment auf den anderen konnte ich wieder normal und gleichmäßig atmen. Nur die Stille, Dunkelheit und Trostlosigkeit waren geblieben. Wütend stampfte ich mit meinem Fuß auf den Boden, doch auch dieser Ton verklang seltsam schnell, sodass er sich unwirklich anhörte, wie ein Radio, das sehr schnell leise gestellt wird, oder wie der Erzfeind des Echos.

Als ich den Kopf drehte, entdeckte ich, dass hellere und dunkle Stellen den Himmel wie eine blaue Farbpalette aussehen ließen. Auf einer Seite war der Himmel relativ hell, zur anderen Seite hin wurde er immer dunkler. Plötzlich vernahm ich ein Klingeln in den Ohren und eine Stimme sprach zu mir, ich solle dem Dunkeln folgen. Dem Dunkeln folgen? Damit konnte eigentlich nur der Himmel gemeint sein. So fand ich mich wenig später auf der Zugbrücke wieder, geführt vom immer dunkler werdenden Himmel.

Ich lief und lief, unter mir floss düster der Rhein. Schließlich landete ich am Dom und es war mittlerweile so stockdunkel, dass ich mich langsam vorantasten musste. Außerdem bemerkte ich, dass vom Dom ein merkwürdiges Licht ausging, das mich magisch anzog. Schon war ich vor dem riesigen Domportal, drückte die schwere Tür auf und trat ein.

Der Dom war menschenleer, nur ich stand einsam und verlassen im Mittelschiff. Das blaue Licht strahlte nun heller denn je. Wie in Trance schritt ich bis zum Altar, wo das Licht so sehr blendete, dass ich meine Hand schützend über die Augen legte. Doch das Licht drang förmlich in mich ein und ich fiel zu Boden.

Erneut sprach eine Stimme zu mir, diesmal befahl sie mir, den Königsschrein aufzusuchen. Ich kam wieder zu mir und lief zum Altar, auf dem der Schrein stand. Als ich mich über ihn beugte, fiel mir auf, dass einer der drei Könige keine Krone mehr hatte. Dann verlor ich abermals das Bewusstsein und als ich meine Augen wieder öffnete, stand ich mitten auf dem Alter Markt. Ich wusste nicht, warum und wie ich hierher gekommen war, aber ich wusste, dass es mit dem Schrein zu tun hatte. Vielleicht musste ich die Krone suchen?

Instinktiv schaute ich in den Himmel. Die dunklen Stellen waren verschwunden und ein ungewöhnliches Sternenbild zeichnete sich ab. Eine große Sternschnuppe leuchtete direkt über mir und ihr Schweif zeigte nach links. Ob das etwas zu bedeuten hatte? Die Heiligen Drei Könige waren doch auch dem Stern gefolgt und so beschloss ich, es auch zu tun. Der Stern wies mir den Weg und so kam ich zu einem Brunnen. Der Schweif zeigte auf diese Stelle und ich fing an zu graben und nach kurzer Zeit stieß ich auf etwas Hartes, mein Herz klopfte und ich zog es nach oben.

Es war eine kleine Holzkiste. Als ich sie öffnete, fing alles um mich herum zu rauschen an und wieder stand ich im Dom am Altar und setzte die fehlende Krone wieder ein. Schnell rannte ich zum Ausgang und als ich hinaustrat, empfingen mich warme Sonnenstrahlen, ich hörte den Lärm der Touristen und das Klicken der Kameras und alles, alles war wieder gut.

Abenteuer im Museum
von Antonia Puder (11 Jahre)

»Mist!«, sagte Lizzy. »So eine langweilige Hausaufgabe kann sich auch nur Frau Puder ausdenken. Ich soll ein Referat schreiben über das Mittelalter in Köln.« Angewidert knallte sie ihren Collegeblock auf den Schreibtisch. Eigentlich war Lizzy gut in der Schule, aber übers Mittelalter wusste sie nichts.

»Am besten, ich gehe ins Schnüttgen-Museum und gucke mir all das Mittelalter-Zeug an. Na, das wird ein schöner Tag«, sagte Lizzy ironisch. Sie schnappte sich ihren KVB-Ausweis und wollte los, fast hätte sie noch ihr Geld vergessen. Endlich kam sie an der Haltestelle an und die Linie 5 Richtung Reichensberger Platz kam sofort. Am Friesenplatz stieg sie aus und ging das letzte Stück zu Fuß.

Innerlich schimpfte sie immer noch mit Frau Puder. Warum konnte sie nichts über das alte Griechenland aufgeben oder über Ägypten? Lizzy liebte nämlich Pyramiden. Jetzt war sie am Museum angekommen und schnell kaufte sie sich eine Eintrittskarte. Dann ging sie direkt in die mittelalterliche Abteilung.

»Hier find ich mich ja nie zurecht! Gibt es denn niemand, der mir helfen kann?« Sie suchte in der ganzen Abteilung herum, aber sie fand niemanden. Auf einmal sah sie eine Tür, auf der in roten Lettern NUR PERSONAL stand.

»Na, da muss doch jemand sein.« Lizzy klopfte an die Tür, niemand antwortete. Lizzy klopfte wieder, sie wartete, aber nichts geschah. Da riss ihr der Geduldsfaden, sie riss die Tür auf und trat in den Raum ein. Blauer Nebel umschlang sie. *Wo bin ich denn jetzt hier gelandet?*, dachte sie noch, dann fiel sie in Ohnmacht.

Als sie erwachte, war sie ganz verwirrt.

Was ist geschehen? Sie sah sich um, alles sah ganz anders aus. Sie lag auf dem Boden in einem großen Saal mit Kerzenleuchtern und Teppichen an den Wänden.

Was für ein komisches Museum, dachte sie, dann hörte sie Schritte. Ein älterer Mann kam herein, er war ganz merkwürdig gekleidet.

»Sind Sie hier der Museumswächter?«, fragte Lizzy.

»Sei still, Mädchen. Ich bin hier der Erzbischof und Herr in diesem Haus. Warum bist du nicht beim Gesindel in der Küche?«

Lizzy verstand gar nichts.

»Zur Strafe dafür, dass du dich hier rumtreibst, sollst du alle Böden schrubben!«, schrie der Mann wütend.

»Ne«, sagte Lizzy, »jetzt hab ich aber genug! Ich weiß ja nicht, was das hier soll, aber ich geh jetzt! Tschüss!«

Sie ging auf die nächste Tür zu und öffnete sie.

»Haltet das Mädchen auf!«, hörte sie den Mann rufen. Jetzt bekam sie langsam Angst und lief einen dunklen Gang entlang.

Auf einmal hörte sie eine Jungenstimme flüstern: »Psst, komm mal her, ich bin hier hinter dem Vorhang, in dem Erker.« Lizzy zog zaghaft den Vorhang auf. Da stand ein kleiner Junge, vielleicht acht Jahre alt.

»Wer bist du?«, fragte Lizzy.

»Ich heiße Johannes. Aber wer bist du und wo kommst du her??«

»Ich heiße Lizzy und war da im Museum. Plötzlich kam da dieser verrückte Mann, der hat mir richtig Angs gemacht. Ich glaube, ich hab mich verlaufen, hilfst du mir hier raus?«

Johannes staunte: »Was ist denn ein Museum? Oh, komm schnell, bevor der Erzbischof uns findet. Ich bring dich am besten zu meiner Familie. Komisch, wie du angezogen bist.«

Johannes schüttelte den Kopf und lief los. Lizzy folgte ihm.

Als sie auf die Straße kamen, schrie Lizzy auf: »Was ist denn hier passiert? Wo sind denn die Autos, wo ist die Straße, wie sieht es denn hier aus?«

Johannes guckte sie erstaunt an: »So sieht es hier doch immer aus«, sagte er, aber im Stillen dachte er: *Was für ein komisches Mädchen.*

»Komm, wir gehen los.« Johannes und Lizzy gingen durch die Gassen. Lizzy guckte sich um, es gab keinen Asphalt auf den Straßen, keine Geschäfte und die Leute waren ganz anders gekleidet. Alles sah aus wie in einem alten Film. Manche Männer saßen in ihren Häusern und arbeiteten, aber es gab keine Maschinen.

Als sie auf den Domplatz kamen, war Lizzy entsetzt.

»Was ist denn mit dem Dom passiert? Wo sind denn die Türme? Und wo ist denn der Bahnhof?«

Jetzt wurde es Johannes zu bunt: »Wer bist du?«, fragte er. »Lizzy, wo kommst du her?«

Lizzy erzählte alles, was ihr heute passiert war.

Da fragte Johannes: »Kommst du etwa aus der Zukunft?«

»Welches Jahr haben wir denn?« Lizzy guckte Johannes groß an.

»Es ist natürlich 1414, und zwar der 14. April!«

Lizzy fing an zu weinen: »Ich will nach Hause!«, schluchzte sie. »Ich will zu meinem Hund, ich will ins Jahr 2005, bitte hilf mir!!«

Johannes legte tröstend seine Hand auf Lizzys Schulter.

»Komm erst mal zu mir nach Hause ins Overstolzenhaus, meine Mutter weiß bestimmt eine Lösung.« Vorsichtig führte er Lizzy bis zu seinem Elternhaus, einem prächtigen Haus mit vielen Fenstern. Johannes klopfte an und seine Mutter öffnete die Tür.

»Huch, wer ist denn das?«, fragte sie. Da erzählte Johannes seiner Mutter die ganze Geschichte.

»Wir müssen versuchen, Lizzy zurückzubringen«, schloss er seine Erzählung.

»Ja, da hast du Recht und ich weiß auch schon, wer uns helfen kann.«

»Wer denn?«, fragte Lizzy, die bis dahin noch kein Wort gesagt hatte.

»Lasst euch überraschen!«, sagte Johannes' Mutter geheimnisvoll. Sie warf sich einen Umhang um und sagte: »Kommt mit!«

Dann gingen sie zur Stadtmauer. In einer Nische roch es stark nach Schwefel.

»Da müssen wir hinein!« Alle drei huschten sie in die Nische, darin saß ein alter Mann.

»Seid gegrüßt, was ist euer Anliegen?«, fragte er. Und diesmal erzählte Johannes' Mutter Lizzys Geschichte.

»Bitte helft uns«, flehte sie den Mann an.

»Das werde ich machen. Es ist nicht schwierig. Du bist ja nicht die erste Zeitreisende und ich bin schon lange ein Druide.« Er lachte Lizzy an und mischte ein braunes Gebräu aus vielen Kräutern zusammen.

»So, das musst du jetzt trinken!«, sagte er und reichte Lizzy den Becher.

Bevor Lizzy trank, rief sie noch: »Tschüss, und vielen Dank für alles! Ich wird euch nie vergessen!« Dann trank sie und fiel in Ohnmacht.

Als sie erwachte, war sie im Museum.

»Puh, Gott sei Dank! Jetzt aber nichts wie raus hier. Übers Mittelalter weiß ich ja jetzt genug. Gut, dass ich nichts über Ägypten schreiben musste, da hätte ich die Leute ja noch nicht mal verstanden.«

Zu Hause schrieb sie sofort ihr Referat. Dabei dachte sie ans alte Köln und wie anders früher alles war.

»Nur das Overstolzenhaus steht immer noch«, sie lachte und stellte sich Johannes vor, der jetzt vielleicht auf die Dombaustelle guckte.

Als sie das Referat zurückbekam, jubelte sie. Sie hatte eine Eins.

Wie Feuer und Wasser
von Felicitas Luis (11 Jahre)

Es ist nun schon zwei Jahre her, dass ich Jade traf. Er erzählte mir, dass er Aquamarin, den verstorbenen König der Wasserwölfe, rächen müsse und den gemeinen Feuerfalken Don Cologne töten werde. Er erzählte mir auch, dass ich seine Sprache sprechen könne, weil ich die Urururenkelin von Bell Christiano bin. Und dass nur ich ihm helfen könne.

Ich verrate nur eins: Ich kam tatsächlich bis zum gefürchteten Feuerkäfig. Es gab einen Kampf und auch große Verluste. Aber ich möchte euch die ganze Geschichte erzählen, von Anfang an. Sie handelt von Feuerfalken und Wasserwölfen, von den naiven Fischköpfen und den flinken Gazellenhufen. Reisen wir also zurück in das Jahr 2003 und gehen wir vor das Portal des Kölner Doms.

»Puh! Gerade einmal zwei Tage hier in Köln, und schon müssen meine Eltern eine Domführung machen!« Und mein dummer kleiner Bruder tat auch noch so, als würden die Steinfiguren und Orgelpfeifen ihn brennend interessieren. Ich stellte meine Ohren auf Durchzug und sah mich um. Ich, Lyra, bin zwölf Jahre alt und war ein glückliches Mädchen, als ich noch in der griechischen Stadt Saloniki wohnte. Doch mein Vater hatte ein besseres Jobangebot in Köln bekommen und nun sind wir hier.

Meine Augen erfassten Orgelpfeifen, Sitzbänke, Figuren, Gemälde und Augen. Moment mal ... Augen? Noch ehe ich richtig nachdenken konnte, sprang ein Wesen hinter der Figur eines Vogels hervor, packte mich am Kragen und schleppte mich fort. Ich hörte aufgeregtes Geschrei hinter mir. Da war das Wesen mit mir aber auch schon draußen. Menschen und Häuser zogen rasend schnell an mir vorüber, ängstliches Kreischen drang an meine Ohren. Das Wesen preschte haarscharf an einer Hausecke vorbei, doch mein Kopf knallte gegen die Wand. Ich spürte, wie meine Sinne schwanden, dann wurde alles dunkel.

Ich wachte auf. Wie lange war ich ohnmächtig gewesen? Ein paar Minuten? Viele Stunden? Ich wusste es nicht. Ich nahm einen starken Schmerz am Hinterkopf wahr. Erst jetzt erkannte ich, wo ich war. Ich befand mich in einer großen, wunderschönen Höhle. Die Wände hatten einen silbernen Glanz, selbst der Boden sah aus wie poliertes Silber. Das Schönste aber waren die vielen glitzernden Wasserbäche, die alle auf einen großen marmornen Brunnen zuliefen. Der ganze Boden stieg an wie ein Kegel und so liefen die Bäche bergauf, um zu dem Brunnen zu gelangen.

Jetzt erst sah ich die Gestalten, die um mich herumstanden. Da waren große Männer, die Körper ganz dünn, die Arme und Beine jedoch kräftig und muskulös. Es waren Männer in Gazellengestalt, doch mit den Köpfen von Menschen. Es gab kleine Wichte mit Fuchsschwänzen und große Wölfe mit Stoßzähnen, ein Auge gelb, das andere blau. Auf dem schlohweißen Fell verlief ein schwarzer Streifen von der Schnauze bis zur Schwanzspitze. Plötzlich sah ich eine ganz normale menschliche Gestalt. Sie war etwa in meinem Alter und hatte braunblondes welliges Haar, das ihr bis zu den Schultern reichte. Ich rannte auf sie zu und rief: »Schnell! Wir müssen hier raus! Diese Wölfe haben Zähne und die Gazellenmänner ...«

Überrascht stellte ich fest, dass das Mädchen belustigt grinste.

»Die Gazellenhufe werden dir nichts tun, ebenso wenig wie die Wasserwölfe.«

Gazellenhufe? Wasserwölfe?

Dem Mädchen fiel mein fragender Gesichtsausdruck auf und es lächelte wieder.

»Ich werde dir alles erklären. Das hier ist die silberne Höhle der Wasserwölfe. Ihr eigentlicher Lebensraum liegt im Rhein. Und das hier sind die Fuchsschwänze. Sie sind unheimlich schlau. Und diese Gazellenhufe hier sind extrem schnell. Und das hier sind die Fischköpfe, die stärksten und zugleich dümmsten Geschöpfe der Welt.«

Ich staunte. Langsam gefiel mir diese Welt.

»Und wer bist du?«

»Ich heiße Benedicta und bin die Adoptivtochter von Galaxie, dem Häuptling der Gazellenhufe.«

Einer der Fuchsschwänze trat vor und sagte: »Ich soll dich in deine Aufgabe einweisen. Folge mir!«

Der Fuchsschwanz erzählte mir, dass alle in der Höhle versammelten Wesen gut seien, doch es gäbe auch böse Geschöpfe, die Feuerfalken. Ihr Anführer, Don Cologne, hätte den König der Wasserwölfe, Aquamarin, getötet und seinen Platz auf dem Thron eingenommen.

»Wir sind dazu verpflichtet, Gragumrowafeu zu retten und Aquamarins Sohn Jade auf den Thron zu setzen.«

»Gragumrowafeu?«, fragte ich.

Der Zwerg grinste. »Gra steht für Grashütte der Gazellenhufe, gum für das Gummihäuschen der Fischköpfe, ro für den roten Bau der Fuchsschwänze, wa für Wasserhöhle und feu für ...«, der Zwerg schauderte, »Feuerkäfig.«

Ich war beeindruckt. All das hier lag mitten unter Köln und ich hatte nichts davon gewusst!

»Ab heute wirst du Unterricht bekommen, um dich für die Begegnung mit Don Cologne zu wappnen.«

So begann für mich eine harte Woche. Die Gazellenhufe gaben mir Sportunterricht, die Fuchsschwänze brachten mir Antworten bei, die man den Feuerfalken geben musste. Und Jade belehrte mich in Dingen, die ich über die Feuerfalken wissen musste. Eines Nachts gingen wir zum Kölner Dom.

»Siehst du die Statue dort? Das ist Don Cologne. Er hatte die Steinmetze gezwungen, eine Statue von ihm anzufertigen.«

Ich war erschrocken, wie gemein das Statuengesicht aussah. Jetzt wusste ich, was auf mich zukommen würde.

Und dann, eine Woche später, brachen Jade, Benedicta und ich auf. Wir ließen die Wasserhöhle hinter uns, die Grashütte und das Gummihäuschen und den roten Bau ebenfalls.

»Wieso kann ich deine Sprache verstehen, Jade?«

Der Wasserwolf zögerte. »Vor vielen Jahren lebte ein Pirat, der von einem Wasserwolf gebissen wurde. Seitdem konnte er Wölfisch sprechen. Dieser Pirat ist dein Ururururopa, Lyra. Er hat diese Fähigkeit über alle Generationen an dich weitergegeben.«

»Wie hieß dieser Pirat?«

»Bell Christiano«, sagte Jade nur. Damit war das Gespräch beendet. Etwas später sahen wir in der Ferne einen riesigen glühenden Käfig.

»Der Feuerkäfig der Feuerfalken!«, sagten Jade und Benedicta mit erschaudernder Stimme.

»Los gehts!«, rief ich und wollte auf den glühenden Käfig zugehen.

»Wir müssen dich jetzt verlassen«, sagten meine Begleiter. Ich umarmte Jade und Benedicta und lief mutig zum Tor.

»Ein Menschenmädchen!«, rief der Wächter.

Jetzt sah ich zum ersten Mal einen Feuerfalken: ein riesiger Vogel, der scheinbar in Flammen stand.

»Führ sie herein«, hörte ich eine tiefe Stimme sagen. Das war die Stimme von Don Cologne. Am liebsten wäre ich weggelaufen.

»Was willst du?«

»Ich habe eine Nachricht.«

»Sprich!«

»Die Gazellenhufe, Fischköpfe, Fuchsschwänze und Wasserwölfe sind unzufrieden mit deiner Herrschaft.«

Don Colognes Augen verengten sich.

»Darauf willst du also hinaus! Feuerfalken! Ergreift das Mädchen und tötet sie!«

Doch die Feuerfalken kamen nicht dazu. Sämtliche Bewohner von Gragumrowafeu sprangen hervor und stürzten sich in den Kampf. Es gab viele Tote, sowohl unter den Guten als auch unter den Bösen. Schließlich rannte Benedicta auf mich zu und rief: »Wir müssen weg hier!«

Der rote Bau der Fuchsschwänze lag am nächsten. Nach und nach trafen alle Überlebenden ein.

»Es tut mir Leid, dass ich dir nicht helfen konnte!«, rief ich und lief zu Jade.

»Aber ich verspreche dir: Eines Tages sitzt du auf dem Thron.«

Jade lächelte: »Du musst zurück, deine Eltern vermissen dich sicher schon.«

Ich umarmte noch einmal alle und dann stand ich plötzlich wieder im Dom. Der Domführer hielt noch immer seinen Vortrag und meine Eltern und mein Bruder lauschten noch immer.

Ich wusste: Auch wenn ich heute versagt hatte, irgendwann würde ich Don Cologne noch einmal ins Auge blicken.

Der blaue Stein
von Maximilian Kalkreuth (12 Jahre) & Carlo Stokowky (11 Jahre)

Wie jeden Sonntag ging ich mit meiner Mutter in die Kirche. Diesmal gingen wir in den Dom. Die Domplatte war leer, es regnete. Wir betraten den Dom und zündeten eine Kerze an. Langsam gingen wir auf den Altar zu. Meine Mutter setzte sich in die erste Reihe und betete. Ich schaute mir den Altar an und entdeckte einen blauen Schimmer, der sich um den Altardeckel ausbreitete. Langsam ging ich auf den Altar zu und stemmte den Deckel hoch. Vor mir lag eine schmale Treppe, die in die Tiefe führte. Ich drehte mich um und sah, dass meine Mutter verschwunden war.

Magisch angezogen setzte ich einen Fuß auf die erste Stufe. Sie war klitschig und roch modrig. Ich ging vorsichtig die Treppe hinab. Plötzlich fiel der Deckel zu. Ich versuchte, ihn hochzustemmen, doch er ließ sich nicht mehr bewegen. In der Hoffnung, einen anderen Ausgang zu finden, ging ich die Treppe weiter hinunter. Der blaue Schimmer wurde immer stärker.

Plötzlich trat ich auf etwas Weiches. Ich schaute nach unten und sah eine übel zugerichtete Ratte. Ihr fehlte der Schädel und das Hinterteil war völlig zerfetzt. Angewidert und doch immer noch magisch angezogen, ging ich die Treppe weiter hinab. Sie mündete in einer Gruft. In der Mitte des Raumes stand auf einem hohen, schmalen Sockel ein blauer Stein, von dem der Schimmer ausging. Er war anscheinend auch die Quelle der magischen Anziehungskraft, denn nachdem ich ihn berührte, konnte ich mich wieder frei bewegen. Ich drehte mich um und sah, dass die Treppe verschwunden war. Ich rannte auf die Wand zu und betastete sie überall, aber die Treppe blieb verschwunden. Ich ging wieder zurück zum Stein und betrachtete ihn nun genauer. Dabei fiel mir eine Vertiefung auf, in der etwas fehlte. Im Moment konnte ich nichts damit anfangen und suchte deshalb den Raum nach weiteren Ausgängen ab. Schließlich fand ich einen Spalt, durch den ich mich hindurchzwängen konnte.

Auf der anderen Seite lagen dunkle Gänge, die nur durch den blauen Schimmer des Steines beleuchtet waren. Ich schaute auf meine Uhr, um zu sehen, wie lange ich schon hier unten war. Komisch, der Zeiger bewegte sich nicht mehr. Plötzlich merkte ich, dass auch mein Zeitgefühl verschwunden war. Ich irrte durch die Gänge und schrie in der Hoffnung, irgendjemand würde mich hören. Doch ich traf und hörte niemand. Nach einiger Zeit wurde ich so müde, dass ich mich ausruhen musste. Weinend legte ich mich in eine Ecke und schlief ein.

Von Albträumen geschüttelt, wachte ich schweißgebadet auf. Irgendwo in den Gängen hörte ich ein Hecheln. Wieder kam Panik in mir auf und ich versuchte, dem Geräusch zu entfliehen. Ich lief einen Gang nach rechts, dann nach links und wieder nach rechts. Plötzlich stand ich in einer Halle, die aussah wie ein Tempel. Das Hecheln war glücklicherweise verschwunden. Völlig außer Atem ging ich weiter. Mir fiel ein, dass der Kölner Dom auf einem römischen Tempel erbaut worden war. Dies musste der Tempel sein.

Aus einer Ecke drang ein leises Schnarchen. Ich schlich vorsichtig in die Richtung des Geräusches, um zu sehen wer es war. In einer Ecke lag ein alter Mann mit einem langen weißen Bart. Er sah sehr alt aus, so als wäre er mindestens 500 Jahre alt. Als ich näher trat, wachte er auf. Er sprang auf und zog ein Messer.

»Wer bist du? Und was willst du hier?«, schrie mich der alte Mann an.

Ich versuchte wegzulaufen und knickte dabei mit dem Fuß um. Der Alte kam auf mich zu. Ich schloss die Augen und wartete auf den Messerstich, doch er kam nicht. Vorsichtig öffnete ich meine Augen wieder.

»Wo kommst du her? Hier unten gibt es niemanden außer mir!«, fragte er erneut.

»Wer sind Sie?«, stotterte ich.

»Ich bin Marius. Aber das tut jetzt nichts zur Sache. Wo kommst du her?«, fragte mich der Alte noch einmal.

»Von oben, aus Köln«, antwortete ich.

»Du meinst wohl Colonia Claudia Ara Agrippinensium! Von dort komme auch ich her«, sagte der Alte.

»So hieß Köln vor 2000 Jahren«, sagte ich verwundert.

»Was? Vor 2000 Jahren? Dann bin ich schon so lange hier unten!« Ich wollte schon antworten »So sehen Sie auch aus«, konnte es mir aber gerade noch verkneifen.

»Ich möchte dringend von hier weg. Aber das kann nur ein Kind vollbringen«, sagte der Alte.

»Ich soll das schaffen können?«, fragte ich.

»Ja, du musst den zweiten Stein finden und ihn mit dem blauen Stein verbinden. So steht es auf der alten Platte in der großen Halle.«

Der Alte zeigte mir die Platte, auf der man gerade noch so die Schrift erkennen konnte. Dummerweise wusste er nicht, wo der zweite Stein war. Wir suchten so lange nach dem zweiten Stein, dass ich schon gar nicht mehr an ihn glaubte und anfing, das Leben hier unten zu akzeptieren. Immer wieder hörten wir auch dieses seltsame Hecheln. Wir kannten den Grund nicht, aber inzwischen machte es mir keine Angst mehr.

Endlich hatten wir Glück. Nach langer Suche gelangten wir zu einem niedrigen Tunnel, in den nichts von dem blauen Schimmer drang, der die anderen Gänge durchflutete. Am Ende des Tunnels war eine schwere, eisenbeschlagene Tür. Mit vereinten Kräften konnten wir sie aufstemmen. In der Ferne sahen wir einen schwarzen Stein liegen. Aber anders als beim blauen Stein wurden wir hier wie von magischer Hand fern gehalten. Mit viel Anstrengung gelang es uns, den Stein zu erreichen. Ähnlich wie bei dem blauen Stein ließ die Kraft schlagartig nach, nachdem ich den Stein berührt hatte. Der Stein ließ sich lockern und ich steckte ihn ein. Wir waren aber so erschöpft, dass wir uns erst einmal hinlegten, wo wir waren, und sofort einschliefen.

Ein plötzliches Brüllen weckte mich. Ich blickte auf und sah, dass Marius verschwunden war. Ich sprang auf und rannte durch den niedrigen Tunnel zurück. An der nächsten Kreuzung blieb ich stehen. Vor mir lag eine Art Hund, nur viel größer und, wie mir schien, auch viel gefährlicher. Neben dem Monster stand Marius. Offensichtlich hatte er das Monster umgebracht. Stille lag über dem Ganzen. Das Monster war wohl der Grund für das Hecheln gewesen.

»Wie hast du das geschafft?«, fragte ich bewundernd.

»Ich war einst Gladiator, als ich noch oben lebte. Da war so etwas mein Alltag. Trotz meines Alters fühle ich mich noch voller Kraft.«

Marius kannte den Weg zur Gruft mit dem blauen Stein, sodass wir schon bald dort waren. Wir zwängten uns durch den engen Spalt und standen vor dem blauen Stein. Ich schaute Marius fragend an und er sagte: »Tu es, nur du kannst uns von hier befreien.«

Ich ging langsam auf den blauen Stein zu und stellte den schwarzen Stein in die Vertiefung daneben. Er passte genau. Doch nichts geschah.

Da schrie Marius plötzlich: »Schau! Hinter dir!«

Ich drehte mich um und sah die Treppe, als wäre sie nie weg gewesen. Zusammen gingen wir die Treppe hinauf. An der Stelle, wo die Ratte gelegen hatte, blieb ich stehen und suchte nach ihr. Doch sie war verschwunden. So gingen wir die Treppe weiter und gelangten schließlich zum Altar. Während wir gemeinsam den Deckel öffneten, überlegte ich noch, was wäre, wenn gerade ein Gottesdienst im Dom stattfände. Doch dem war zum Glück nicht so. Der Dom war bis auf die erste Sitzbankreihe leer. Dort saß meine Mutter und betete, als wäre nichts geschehen.

Und wäre Marius nicht an meiner Seite, hätte ich es wohl selbst auch geglaubt.

Der kölsche Shaolin – ein kleiner Mönch auf Abwegen
von Timon Cruz Warner (10 Jahre)

»Bravo, bravo, was für eine Vorstellung!« Ich hatte mich schon seit Wochen auf die Mönche aus dem Shaolin-Kloster gefreut und heute konnten sie endlich ihre Künste der Selbstverteidigung in der Kölnarena zeigen. Besonders angetan war ich von dem jüngsten Mönch, der vielleicht so sieben oder acht Jahre alt war. Er konnte sich verbiegen, mit einer Leichtigkeit Ziegelsteine zerschlagen und manchmal hatte ich das Gefühl, er hätte mir zugelächelt.

Wie jeden Morgen geht mein Schulweg in Richtung U-Bahn Appellhofplatz an dem Zeitungskasten vom Express vorbei. Automatisch werfe ich einen Blick auf die Überschrift, doch diesmal blieb ich wie angewurzelt stehen. Was stand da?

Achtjähriger Shaolin-Mönch in Köln verschwunden!

Oje. Ich wühlte in meiner Tasche nach ein paar Cent, um die Zeitung zu kaufen, hatte aber nichts dabei. In der Bahn saß ich neben einer älteren Frau, die mich böse anguckte, als ich versuchte, mit ihr die Zeitung zu lesen.

Das war doch der kleine Mönch auf dem Bild, den ich gestern in der Show gesehen habe! Was stand da?

Nach der Show spurlos verschwunden!

Sachen gibt's! Aber bald dachte ich nicht mehr darüber

nach. Ich brachte den Schultag hinter mich, aß zu Mittag, machte meine Hausaufgaben und rief meinen Freund Niko an. Der stand 20 Minuten später vor der Tür und wir beschlossen, auf der Domplatte Skateboard zu fahren. Hier auf der Domplatte, dem Platz vor unserem gewaltigen Dom, fahren viele Kinder mit Inlinern oder Skateboards geschickt zwischen den vielen Touristen hindurch. Zufällig fiel mein Blick rechts zum Römisch-Germanischen Museum, als mir etwas Oranges auffiel. Moment, war das nicht der kleine Mönch, der dort am Museum vorbei in Richtung Rhein lief?

»Niko, komm schnell«, rief ich und schnappte mir mein Skateboard. Niko kam schnaufend hinterher und ließ sich alles erklären. So ein Mist, wo ist der kleine Mönch geblieben? Wir liefen an der Philharmonie vorbei, die Treppen zur Altstadt runter, zwischen all den Touristen war er nicht mehr zu sehen. Habe ich mir alles nur eingebildet? Als wir auf einer Bank auf der Rheinpromenade verschnauften, sprach eine Stimme hinter uns: »Wat Dat.« Wir drehten uns um und schauten in ein freundliches, kleines asiatisches Gesicht, das wieder »Wat Dat« sagte. Es war der kleine Shaolin-Mönch mit seiner orangen Kutte.

»Der will wissen, was das ist«, sagte Niko und zeigte auf sein Skateboard.

»Wie kommst du darauf?«, fragte ich zurück.

»Ja, er sagt doch immer auf Kölsch 'Wat Dat' und das heißt ›wat es dat‹«, erwiderte Niko.

»So ein Quatsch, was sollen wir mit ihm machen, er wird doch gesucht«, wollte ich besorgt wissen.

Niko überlegte laut: »Gib ihm deine Jacke, dann fällt er nicht so auf.«

»Wat Dat«, klang es im Hintergrund.
»Das ist eine Jacke«, erklärte Niko.
»Wat Dat.« Na, das kann ja heiter werden.
»Guck mal unter seine Kutte, ob der überhaupt noch Hosen drunter anhat«, schlug ich Niko vor, »dann soll er sein Gewand hochbinden, um nicht so aufzufallen.«
Niko versuchte es und wir hörten wieder: »Wat Dat.«
»Der will wissen, was er da hat, aber ich glaube, das führt zu weit«, murmelte Niko unter der Kutte hervor.
Während wir noch eine bessere Tarnung für unseren kleinen Freund überlegten, zeigte dieser aufgeregt auf die Eisenbahnbrücke, die auf die andere Rheinseite führte. »Wat Dat, Wat Dat«, rief der Kleine aufgeregt und rannte los. Auf der Brücke blieb er alle zehn Meter stehen und zeigte auf die andere Seite. Dann freute er sich und genoss das wunderschöne Panorama Kölns.
»Du, vielleicht wohnt ja die ganze Truppe vom Shaolin drüben im Hyatt Hotel«, überlegte ich laut.
Wir beschlossen, uns einfach an der Rezeption zu informieren. Niko blieb mit dem Kleinen ein wenig versteckt vor dem Hotelbiergarten. Volltreffer! Schon in der Hotelhalle saßen ungefähr 15 Shaolin-Mönche mit besorgten Gesichtern. Reporter und Polizei sprachen mit einem Übersetzer, der beruhigend auf die Mönche einsprach. Ich ging schnurstracks auf einen Polizisten zu und versuchte, auf mich aufmerksam zu machen:
»Der kleine Mönch, den Sie suchen, ist bei uns. Mein Freund wartet draußen mit ihm.«
»Wenn du uns jetzt verschaukelst, dann gibt's Ärger«, drohte der Polizist und ging mit mir raus. Als der kleine Mönch uns kommen sah, rief er aufgeregt »Wat Dat« und

viele unverständliche Dinge, die wir nicht deuten konnten. Was für eine Begrüßung, als wir die Hotelhalle betraten! Alle Mönche liefen auf den Kleinen zu und riefen durcheinander, schimpften oder befragten ihn.

Der Polizist kam mit dem Übersetzer und endlich bekamen auch wir mit, was sich ereignet hatte. Der kleine Mönch hatte den Bus zum Hotel verpasst, weil er noch auf die Toilette musste. Mutig war er in die nächste Bahn gestiegen, die er gefunden hatte, und landete auf der anderen Rheinseite. Dann hatte er die Orientierung verloren und war den Lichtern der Altstadt gefolgt. Der Übersetzer erzählte weiter, dass der Kleine sich dann von unserem Dom so angezogen fühlte, dass er hineinging und es sich auf einer Bank für die Nacht bequem gemacht hatte. Den Rest der Geschichte kennen wir. Nachdem sich der ganze Tumult etwas gelegt hatte, kam der kleine Mönch zu uns und verbeugte sich mit gefalteten Händen und sagte »Wat Dat«. Das war sein Name. Die Mönche bedankten sich bei uns und ich war sehr glücklich, dass ich ihnen so nah sein durfte und wir den »Wat Dat« heil zu seiner Gruppe zurückgebracht haben.

»Komm, Timon, wir gehen Skaten«, rief Niko. Mit einem Glücksgefühl im Bauch und einem Blick auf unsere wunderschöne Stadt gingen wir zurück auf die andere Rheinseite, auf unsere, und nahmen mit unseren Skateboards wieder die Domplatte ein.